OTT 플랫폼 대전쟁

OTT 플랫폼 대전쟁

초판 1쇄 인쇄 2020년 7월 20일
초판 4쇄 발행 2021년 4월 15일

지은이 고명석
펴낸이 전익균

기 획 백현서
관 리 김영진
편 집 김정
디자인 페이지제로
마케팅 팀메이츠

펴낸곳 도서출판 새빛북스
전 화 (02) 2203-1996, (031) 427-4399 **팩스** (050) 4328-4393
출판문의 및 원고투고 이메일 svedu@daum.net
등록번호 제215-92-61832호 **등록일자** 2010. 7. 12

값 18,000원
ISBN 978-89-92454-92-6 03320

OTT 플랫폼 대전쟁

코로나 팬데믹 이후 디지털 플랫폼의 미래

고명석 지음

도서출판 새빛
SAEVIT

차례

프롤로그

스트리밍(streaming)하는 시대

근래에 들어서 북미지역을 출발지로 한 OTT 플랫폼을 둘러싼 경쟁이 콘텐츠 미디어 분야뿐만 아니라 IT 분야에서도 핫이슈로 떠올랐다. OTT 플랫폼 춘추전국시대의 등장이다. 이제는 전 세계가 OTT 플랫폼 시대라는 대유행의 한가운데에 놓였다.

이 책의 집필 시기는 전대미문의 코로나바이러스가 글로벌하게 기승을 벌이던 피크였다. 대전염 즉 팬데믹(pandemic)에까지 이른 것이다. 인류의 역사에서 지금의 시기만큼 단일의 이슈가 전 세계를 강타한 적은 없는 것 같다. 글로벌 차원의 밸류체인의 붕괴, 증시의 대폭락과 이에 대응하여 미 연준(Fed)과 각국 중앙은행들의 천문학적인 양적완화(QE) 조치 등이 잇달았다. 코로나바이러스 팬데믹의 시대는 전후가 확연하게 다르다. 코로나바이러스는 국가, 인종, 종교,

이념, 지역 등을 구분하지 않고 가히 전면적인 위기를 초래하였다. 인류의 각 단위에서의 신뢰(trust)에 대한 시험(test)을 하고 있는 것이다. 각 단위의 과학기술의 역량뿐만 아니라 구성체의 잠재적, 현재적 생존 역량을 시험하고 있다.

코로나바이러스 팬데믹과 관련해서 본서의 주제와 이어지는 점은 바로 사회적 거리두기 혹은 비대면이라는 언택트(untact)가 권장되는 사회적 환경에서 디지털 플랫폼 부문이 더욱 강조되었다는 사실이다. 이 부문의 산업과 기업이 역설적으로 타 부문에 비해서 안정적인 대응 혹은 성장의 흐름을 이어가고 있다는 점이 눈에 띈다. 본서의 가설 즉 디지털 플랫폼의 성장세가 이어질 것이라는 점이 팬데믹(pandemic) 시대에서도 역설적으로도 확인되었다. 이는 각종 통계 수치로도 드러난다. 넷플릭스로 대표되는 OTT, 아마존닷컴으로 대표되는 디지털 플랫폼 등은 팬데믹의 위기에도 역설적으로 성장세를 이어가고 있다. 디지털 플랫폼 시대가 한층 심화되고 있는 것이다. 본서는 이 흐름에 대한 탐구다.

이제는 미디어와 IT 분야를 나누어보는 것조차 과거지사가 되었다. 미디어 환경이 테크놀로지의 발전에 따라 공중파방송에서 케이블방송과 위성방송으로, IPTV로, 그리고 스트리밍으로 중층 복합적인 다매체 다채널로 급변하고 있다. 원래 방송(broadcasting, 放送)이라는 용어가 공중파라는 의미이니, 그 이후의 전파 매체 방식마다 같이 붙여 쓰는 것도 사실 적절하지는 않다. 이제는 케이블방송과 위성방송과 IPTV를 시청하기 위해 설치한 박스인 셋톱박스를 치우는 '오버 더 톱'의 시대로 가고 있는 것이다. 바야흐로 OTT(Over The Top) 시대가 온 것이다. TV 수상기 위의 셋톱박스로 입출입하는 코드를 커팅하는 '코드커팅(Cord-Cutting)'이라는 용어도 같이 보편화되고 있다. 같은 의미다. 시청자가 셋톱박스를 치우고 동영상 스트리밍 서비스로 갈아타는 현상이다. 인터넷을 통해 동영상을 스트리밍(streaming)하는 시대에 들어선 것이다.

북미에서 동영상 스트리밍 서비스, 즉 OTT인 넷플릭스(NETFLIX)가 등장하였다. 넷플릭스의 급성장을 계기로 이에 대항하여 훌루(hulu)가 등장했다. 훌루를 인수한 월트디즈니컴퍼니는 더 나아가 OTT로 디즈니+를 출범시킨다. 디즈니+는 디즈니채널, 픽사, 마블, 스타워즈, 내셔널지오그래픽 등을 레이블로 구성했다. 막강 콘텐츠들이다. 그리고 월트디즈니컴퍼니는 디즈니+, ESPN+, 훌루, 핫스타(hotstar) 등을 한데 묶은 번들 상품도 출시하였다.

전통적인 디바이스의 강자 애플도 OTT 경쟁에 가세했다. 시가총액이 1,800조 원이 넘는 IT거인의 출정이다. 2019년 3월 25일 '애플 스페셜 이벤트(Apple Special Event)'에서 애플은 전통적인 디지털 디바이스(하드웨어+소프트웨어) 기업에서 서비스 분야로도 영역을 확장한다고 선언했다. 애플의 세계관을 구축하겠다는 의지를 표현한 셈이다. 이 이벤트에서 애플의 CEO 팀 쿡은 애플TV+, 애플News+, 애플카드, 애플아케이드 등을 선보였다. 동영상 스트리밍 서비스인 '애플

TV+'의 등장이다. 그런데 IT의 최강자 애플을 OTT로 이끈 동인은 무엇일까?

이커머스의 대명사 아마존닷컴은 이미 '아마존프라임'이라는 아마존닷컴 밀림의 생태계를 구축했다. 시가총액 1,600조 원의 시대를 열었다. 이 아마존닷컴 밀림의 생태계에는 2019년에 가입자가 1억5천만 명을 넘어섰다. 아마존프라임은 아마존닷컴이 제공하는 유료 구독 서비스로 2005년 출시됐었다. 연간 119달러 또는 월 12.99달러에 빠른 배송과 미국 내 식료품 배달, 스트리밍 서비스인 '아마존프라임비디오' 등을 제공한다. 더구나 아마존닷컴은 이 아마존프라임비디오를 스핀오프(spinoff)로 별도의 자회사로 만들어 본격적으로 OTT로 강화하였다. 아마존닷컴은 또한 이 밀림에 리얼타임 스트리밍 게임인 트위치(twitch)도 M&A하여 풀어놓았다. 아마존웹서비스(AWS)라는 독보적인 1위 클라우드 서비스의 강자답게 시너지 효과가 발휘되고 있다.

구글은 도대체 안 하는 일이 무엇인가라는 질문이 들 정도로 디지털 비즈니스 시대의 총아다. 구글의 지주회사인 알파벳도 시가총액 1,100조 원의 시대를 열었다. 유튜브 인수는 신의 한 수였다. 스트리밍 게임 서비스인 스타디아(STADIA)도 출범시켰다. 아마존닷컴의 트위치에 대한 맞대응이다. 유튜브나 스타디아는 모두 U2U(User to User)방식의 OTT 플랫폼이다. 넷플릭스나 디즈니+같은 P2U(Platform to User) 방식과는 콘텐츠가 다르다. 이들 용어와 내용에 대해서는 본문에서 자세히 설명한다.

전통적인 통신케이블 회사들도 단순히 네트워크(N)에만 머물지 않는다. 이미 콘텐츠(C)와 플랫폼(P)으로 밸류체인을 확장시켰다. 북미에서 AT&T는 이미 미디어그룹이다. 워너미디어(HBO·시네맥스·TBS·CNN·카툰네트워크·워너브러더스)를 자회사로 가지고 있다. OTT로 HBOmax가 있다. 2020년 3월에는 페이TV로 'AT&T TV'도 론칭하였다. 위성방송인 디렉TV까지 포함하면 막강 화력이다. 또한 컴캐스트도 NBC유니버설을 소유하고 있다. OTT로 피콕(peacock)을 출범시켰다. 그리고 모바일통신 1위인 버라이즌도 야후와 AOL을 인수하면서 디지털 미디어 방향으로 나가고 있다. 이 흐름에서 뒤떨어지지 않으려는 모습이다.

소셜 미디어 플랫폼의 지존 페이스북도 인스타그램과 왓츠앱을 인수하고 스트리밍 게임사들도 인수하면서 디지털 플랫폼으로 가고 있다. VR 스트리밍 플랫폼으로 나가려는 의지가 엿보인다. 그리고 암호화폐 리브라를 만들어 금융플랫폼으로까지 나가려는 야망을 감추지 않는다.

마이크로소프트가 부활했다. CEO 사티아 나델라를 앞세우고 클라우드로 무장하여 디지털 플랫폼의 대표주자로 올랐다. 시가총액 1위의 기업으로 등극한 것이다. 마이크로소프트 부활의 비밀병기는 클라우드다. 클라우드를 토대로 하여 디지털 플랫폼으로 진군하고 있는 것이다.

IT거인들의 『OTT 플랫폼 대전쟁』은 바로 이들 지점에 대한 탐구다. 이 흐름은 자본과 테크놀로지와 비즈니스, 그리고 디지털 파워와 예술미학이 만나는 지점이다. 그래서 필자는 이 주제에 대해 집필하면서 디지털 비즈니스의 밸류체인과 경영전략에 더하여 미디어 미학의 관점을 종합하여 살펴보고자 하였다. 그러기에 본서는 OTT 플랫폼의 핫플레이스로 떠오른 한국 미디어 시장의 미래 탐구서이며, "나도 미디어다!"라고 외치는 유튜버들을 위한 미디어 교양서이며, 콘텐츠(C)·플랫폼(P)·네트워크(N)·디바이스(D) 등 CPND 분야 비즈니스맨들을 위한 참고서다. 그리고 그 누구보다도 '디지털 트랜스포메이션(digital transformation)'을 생각하는 CEO들을 위한 경영서다.

필자는 본서를 다음 세 가지 관점을 종합적으로 살펴보면서 OTT 플랫폼 대전쟁에 대해 집필하였다. 첫째로 CPND 밸류체인의 관점이다. 왜 이들 IT거인들은 수직 결합과 수평 확장으로 CPND 밸류체인을 완성하려고 하는가? 둘째로 경영전략의 관점이다. 이들 IT거인들의 추동에는 경영전략이 담겨있다. 파괴적 혁신, 콘텐츠 트랩 헷지, 유기적·비유기적 성장론, 미학경영, 업의 재정의, 경쟁전략, 덤 파이프의 역설 등의 경영전략들이 함축되어 있다. 셋째로 미디어 미학의 관점이다. 가상과 실재의 상호 보충 혹은 결합과 역전을 통해 미학적 가치를 고양하려는 인간의 본능적 추동이 디지털 테크놀로지의 발전에 맞추어 OTT 플랫폼 시대를 열었고, 이 방향으로 CPND 밸류체인이 변화하고 있다는 점을 덧붙였다. 아마도 이 미디어 미학의 관점은 이 분야의 분석 시각에서는 새롭게 더해지는 것이리라.

그리고 [보론]으로 「디지털 트랜스포메이션 모델 'P4C'에 대하여」를 추가하여 왜 디지털 플랫폼이 각광 받고 있는지와 그 비즈 모델을 어떻게 정의할 수 있는지에 대해 탐구하였다. 국내에서는 네이버와 카카오가 이 방향으로 향하고 있다. 아울러 여기에서는 IT거인들의 성장세와 코로나바이러스 팬데믹 이후의 디지털 플랫폼 전망도 탐구해보았다.

필자가 보기에 앞으로는 문자를 기본으로 하는 리터러시(literacy) 텍스트도 이미지북이라는 내용과 형식으로 변화해 가지 않을까 한다. 그래서 본서에서는 사진, 표, 인포그래픽 등 이미지를 많이 넣어서 독자들의 이해도를 높일 수 있도록 하였다. 그리고 필자는 역설적으로 스트리밍 시대에도 여전히 텍스트로 제작된 책도 읽는 교양독자들을 존경하고 사랑한다. 디지털 뉴테크놀로지도 텍스트 위에 쌓여지는 것이기 때문이다. 생각의 근육이 튼튼해지기 때문이리라. 부족하고 시론적인 맥락일지라도 본서가 이 분야에 대한 교양독자들의 지적 관심과 깊이를 더할 수 있기를 희망한다.

2020년 봄날에 저자 씀.

To All the Boys I've Loved Before
ROMA

▶▶ OTT 플랫폼 대전쟁

01

라스코(Lascaux)의 꿈

라스코(Lascaux) 동굴 벽화는 15,000년 전 후기 구석기시대 인류의 유적으로서 우리의 미학적 상상력을 증폭시켜왔다. 라스코 동굴 벽화 중에서 필자의 눈길을 붙잡은 것은 아래의 그림이었다. 강을 헤엄쳐 건너는 다섯 마리의 숫사슴인가? 아니었다! 한 마리의 숫사슴을 다섯 컷으로 연속하여 그린 동영상이었다. 아니, 그 시대에도 동영상을 제작하고 즐겼다니! 둥근 드럼에 여러 장의 그림을 그리고 회전시켜 작은 구멍을 통해 들여다보면 움직이는 환영을 볼 수 있다. 영화사의 시초를 알리는 1834년경에 발명된 조이트로프(Zoetrope)다. 최초의 영화의 탄생이 이미 라스코시대에 상상되었다는 이야기다. 인간의 미학적 상상력의 기원은 이 시기까지로 거슬러 올라간다!

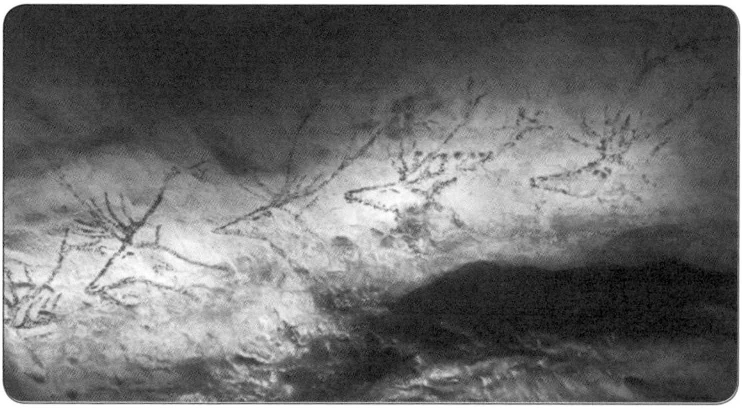

움직이는 그림·사진을 연속하여 돌리면 잔상효과로 동영상이 된다. 바로 영화다. 물론 라스코인들은 동굴 벽에 그림을 연이어 그리고 눈길을 부지런히 돌려 잔상효과를 구했던 것이지만 그 원리는 같다. 1초에 24컷을 돌리면 바로 옛날의 스크린 영화가 만들어지는 것이다. 회화에서 사진으로, 사진에서 영화로, 영화와 라디오에서 TV로, 이제 인터넷으로 매체는 발전해왔다. 기존의 매체형식들은 새롭게 등장하는 매체에서는 내용들이 된다. 우리가 웹에서 보는 동영상을 인수분해하여 거슬러 올라가면 태초의 일획을 만나게 되는 것이다. 미디어 미학의 흐름이다. 넷(Net)으로 영화(flicks)를 스트리밍한다는 새로운 미디어의 탄생의 아이디어와 테크놀로지의 결합이 넷플릭스(Netflix)인 것이다. 영화 드라마 등 동영상의 수요·공급을 웹에서 만나게 하는 시장터로서 디지털 플랫폼의 등장이다.

라스코 인류의 꿈! 실시간 동영상을 표현·유희하고 싶었던 꿈!

미메시스(mimesis)*를 더 느끼고 싶었던 꿈! 이 꿈이 역설적으로 디지털 테크놀로지 시대에 이르러 더 풍부하게 구현되고 있다. 가상의 세계에서 인간의 시각·청각·촉각이 공감각화하는 '유저들의 경험'의 즐거움! 누가 알까? 후각과 미각까지도 디지털 테크놀로지의 발전에 따른 이 공감각의 흐름에 결합될지! 가상으로 실재를 보충할 뿐만 아니라 실재로 가상을 보충하는 상태, 가상과 실재의 결합의 시대에 우리는 살고 있다. 애플의 스티브 잡스가 말한 "다르게 생각하자!(Think different!)"는 바로 이 미학적 가치를 추구하자라는 것이 아니었을까?

테슬라의 CEO 일론 머스크(Elon Musk)의 언급도 주목할 만한 재미가 있다. 싱귤래러티(Singularity) 시대에 이르러, 머신에 대한 두려움을 넘어서 오히려 인간과 머신이 결합하는 트랜스노멀(transnormal)을 진지하게 수용해야 한다는 언급이다. 아마존닷컴의 트위치, 구글의 스타디아, 애플의 아케이드, MS의 엑스클라우드는 이 방향으로 더 나아가고 있다. 이 리얼타임 스트리밍이 지금은 게임 분야에서 먼저 시도되고 있지만, 차후에는 OTT 플랫폼 시대의 꽃봉오리가 될 듯하다. 현재는 클라우드 게임을 중심으로 서비스를 하지만 실시간 동영상 1인 미디어 스트리밍 시대를 열어갈 듯하다. 아마도 넷플릭스라

* "예술의 영원한 주제는 미메시스(mimesis)일 것이다. 이 미메시스는 헬라스어에서 온 용어다. 이 미메시스를 모방, 재현, 환영, 표현, 반영, 구원, 진리의 계기, 기술(記述, description) 등으로 파악하는 시대적 흐름 속에서 그 의미는 재해석되어 왔다. 그래서 이 미메시스라는 용어는 단순하게 하나의 번역 혹은 하나의 해석으로만 잡을 수 없기에 본서에서는 미메시스라고 그냥 쓰기로 한다." 고명석, 『예술과 테크놀로지—미학적 상상력으로 보다』, 새빛, 2019. p.16. 참고.

는 야수 한 마리가 휘저은 동영상 스트리밍 시대의 밸류체인의 변화가 이 지점에까지 이르는 것 같다.

OTT 플랫폼은 뭐야?

미디어 환경의 변화에 따라 미디어 수용자의 문화도 급변한다. 이제는 가족이 모두 함께 TV 앞에 모여앉아서 동일한 콘텐츠를 시청하면서 리모콘을 두고 채널을 다투는 풍경도 사라진다. 남녀노소 간에 의견은 달라도 이슈는 공유하는 문화에서 이제는 이슈도 달라지는 시대다. 1인 미디어시대의 등장이다. 콘텐츠는 웹을 타고 흐른다.

케이블이나 위성을 통해 방송을 시청할 때 수신기 위에 컨버터로 셋톱박스를 두는데, 이 톱(Top)을 넘어서서 '오버 더 톱(Over The Top)'으로, 즉 셋톱박스 없이, 인터넷 스트리밍으로 콘텐츠를 시청한다는 의미의 단어가 OTT다. 셋톱박스에 꽂는 코드를 잘라냈다는 의미로 코드커팅(Code-Cutting)으로 부르기도 한다. 당연히 모바일로 스마트폰이나 태블릿 등의 디바이스를 사용하여 콘텐츠를 소비하는 와이어리스(wireless) 시청도 OTT다. 스마트폰 등 웨어러블 디바이스를 통한 스트리밍이라는, 코드조차도 경험하지 않은 '코드리스(Cordless)' 세대가 등장했다. 서너 살만 되어도 스마트 디바이스로 영상을 접하며 문화적 감수성을 익히는 시대다. 유튜브를 통해 정보를 습득하고 전달하고 메시지도 주고받는 유튜버, U세대의 시대다. 따라서 이 OTT 플랫폼에 대한 주제를 다루기 위해서는 방송을 입구로 하여 살펴보기보다는 웹을 입구로 한 디지털 관점에서 살펴보아야 통찰력이 생긴다.

아래 스타티스타의 인포그래픽은 2014~2018년 기간의 미국 미디어 시장에서의 코드커팅의 추이를 보여준다. '코드커팅이 가

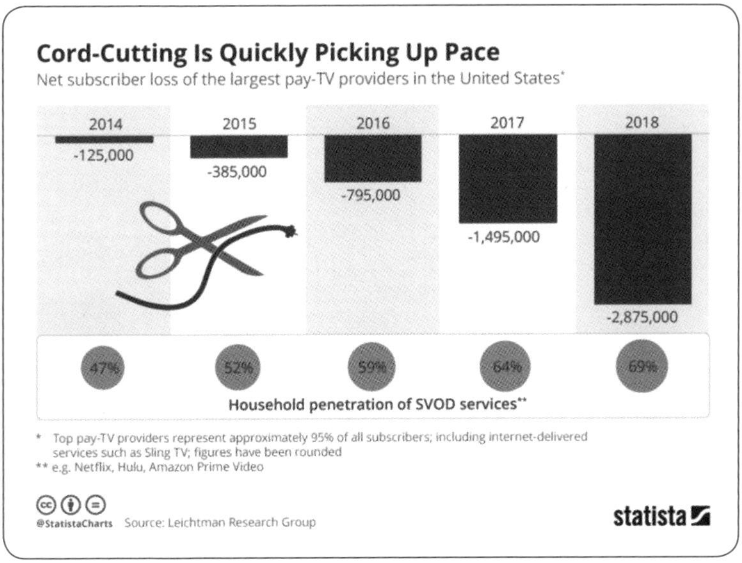

속화 되고 있다'라는 제목 아래 페이TV공급자들의 순가입자 수 하락을 막대그래프로 보여주고 있다. (상위 페이TV공급자들의 가입자 수가 전체의 95%를 차지한다. 슬링TV 등 인터넷 전송 페이TV공급자들 포함.) 반면에 SVOD(Subscription Video on Demand), 즉 월정액 주문형 비디오 서비스의 가정 보급률은 47%에서 69%로 증가하고 있다. 즉 넷플릭스, 훌루, 아마존프라임비디오 등 OTT의 가입자가 급속히 증가하고 있다는 통계 분석이다.

아래 그림 중 플랫폼에서 인터넷망을 통한 스트리밍 동영상 서비스가 OTT(Over The Top) 플랫폼이다. 국내의 CPND 흐름도는 아래의 그림으로 요약될 수 있다. 여기서 CPND는 아래 표의 상단에 분류되어 있는 콘텐츠(C), 플랫폼(P), 네트워크(N), 디바이스(D)의 앞 문자를 따서 붙인 용어다. 이 표를 북미 미디어 시장으로 확장해보면 IT거인들의 OTT 플랫폼 대전쟁의 'CPND 밸류체인'의 흐름도가 그려진다.

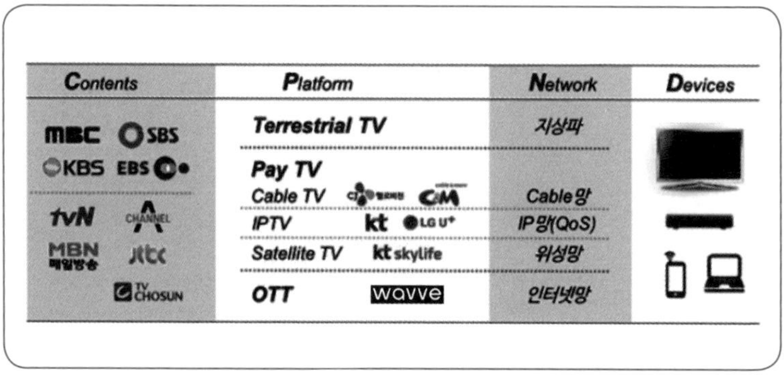

© LGCNS. https://blog.lgcns.com/657

넷플릭스가 국내에 진출하자 이에 대응하여, 공중파방송3사가 설립한 푹(pooq)과 SKT가 설립한 옥수수(oksusu)가 통합하여 웨이브(wavve)가 출범했다. 웨이브(wavve)에 방송3사는 PP(프로그램 프로바이더)의 역할로 포지셔닝했다. 이 한국의 OTT 시장에 디즈니+와 애플TV+도 상륙한다. 이미 아마존프라임비디오는 서비스되고 있다. 한국의 통신회사에서 론칭한 KT의 시즌(Seezn)과 LGU+TV도 있다. 그리고 CATV PP인 CJ ENM과 jtbc가 연합한 티빙(tving)이 있고, 벤처의 왓챠플레이(watcha play)도 있다. 한국도 글로벌 경쟁의 한가운데 있다.

핫플레이스로 등장한 한국 OTT의 미래를 전망하기 위해서는 시각의 전환이 필요하다. 한국 OTT의 미래는 방송의 시각에서 방송의 창을 입구로 하여 보면 잘 보이지 않을 것이다. 웹의 시각에서 웹이라는 창을 입구로 하여 보아야 잘 보일 것이다. 디지털 비즈의 관점에서 보아야 잘 보인다. 이제는 캐스팅(casting)의 시대가 변곡점을 지나 하향하고 있기 때문이다. 캐스팅은 전송한다는 의미다. (방·케이블·위성)전송의 시대, 즉 (Broad-·Cable-·Satellite-)casting의 시대가 뒤로 밀린다는 이야기다. 물론 사라진다는 말은 아니다. 콘텐츠의 전송(-casting)수단으로서의 Broad-·Cable-·Satellite-의 시대는 이제 웹과 스마트모바일 시대에 주도권을 넘겨주었다. 이제 콘텐츠가 스트리밍(streaming)으로 흐르는 시대가 본격화 되었다. 이 변화는 급격하게 가속화될 것이다.

원래 새로운 형식이 등장하게 되면 기존의 형식은 새 형식의 내용으로 전환되는 것이다. 그것은 미디어의 재매개의 원리다. 이것은 1936년에 영국에서 라디오 공중파방송으로 BBC가 개국된 이후 현재에 이르기까지의 (전기·전자)전파 미디어의 역사다. 인류의 매체의 역사를 통해 볼 때, 말(구송)·문자·이미지라는 매체 형식도 전기·전파 미디어라는 새로운 매체 형식의 등장에 따라 전기·전파 미디어의 내용으로 재매개되어 전환되었듯이 말이다. 그렇다고 해서 말(구송)·문자·이미지라는 매체 형식이 사라지는 것은 아니다. 그러나 테크놀로지의 발전에 따라 등장하는 새로운 미디어 형식에로 '자본과 권력과 예술(Money, Power and Art)'이 모인다. 이 미디어 미학의 패러다임이 오늘날 디지털 스트리밍 시대에도 관철되고 있다.

OTT 플랫폼 대전쟁

넷플릭스의 가입자 수가 이미 Q1 2017년에 미국에서 주요 케이블 페이TV 가입자 수를 넘어섰다. "왜 CPND의 밸류체인에서 플랫폼으로 향하는가?"라는 질문에 대한 답변이 아래의 표에서도 보이는 것이다. 이러한 추세는 미국에만 한정되지 않고 글로벌 시장에서도 보이고 있는 것이다. 물론 한국도 예외가 아닐 것이다.

2020년 2월의 OTT 구독자수 통계를 보자. 디즈니+가 출범한 후 3개월 경과 시점이다. 순위가 넷플릭스 〉 디즈니+ 〉 훌루 〉 HBONOW 순서다. 혜성처럼 등장한 디즈니+가 2위로 되고 월트디즈니컴퍼니에서 이 디즈니+와 번들로 묶어낸 훌루도 약간 상승세다. 아마도 이 번들 상품의 상호 효과가 작용했으리라는 추론이 가능해진다. 즉 상호 보완재로서 번들 효과도 있었다는 추론이다. 반면 넷플릭스는 점유율이 12% 정도 하락했다. 물론 이 이벤트는 주식시장에 즉각 반영되었다. 넷플릭스 vs 디즈니+ 대전쟁의 서막이다. 정말 흥미진진하다.

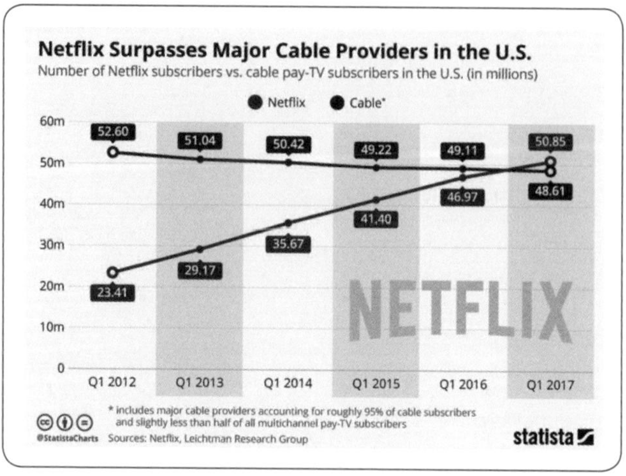

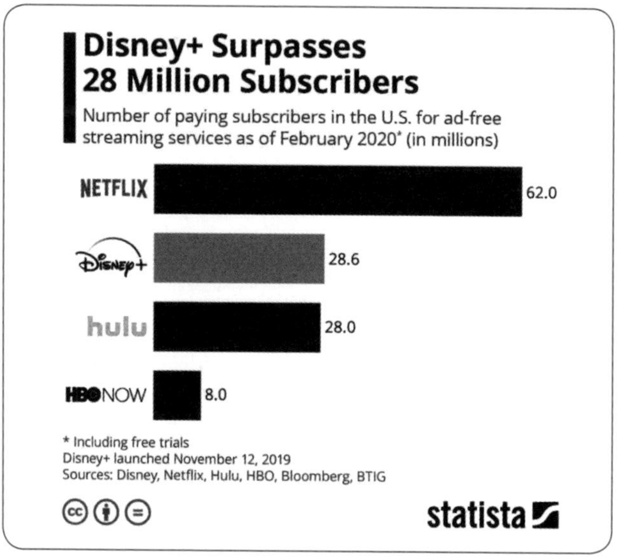

왜 CPND 밸류체인은 변화하는가?

〈미스터 션샤인〉과 〈킹덤〉도 방영하는 넷플릭스를 재미있게 보고 있고 그것을 OTT라고 부르는 것까지는 알겠는데, 이에 대항해서 서로 간에 치열한 시청률 경쟁을 불사하던 공중파 KBS, MBC, SBS 등 방송3사가 스트리밍 회사 즉 OTT로 '푹(pooq)'을 함께 만들더니 통신사업자 SKT가 만든 OTT '옥수수(oksusu)'와 합쳐서 '웨이브(waave)'를 출범시켰는데, 왜 그랬을까? CJ ENM과 JTBC는 '웨이브(waave)'와 합치지 않고 '티빙(tving)'이라는 별도의 OTT를 출범시켰는데 왜 그랬을까?

넷플릭스는 콘텐츠 업체로부터 콘텐츠를 제공 받는 것 외에도 독자적으로 오리지널 콘텐츠를 제작하면서 OTT 플랫폼에서 콘텐츠 제작 영역으로까지 확장하였다. 플랫폼(P) → 콘텐츠(C)로의 유기적(organic) 성장을 추구한 것이다. 넷플릭스의 오리지널 〈하우스 오브 카드〉는 선풍적인 인기를 끌면서 스필오버 효과를 유발하였다. 구독자수의 증가와 함께 다른 콘텐츠까지 시청률을 높였던 것이다.

북미에서는 독보적인 위치를 점하는 넷플릭스에 맞서 월트디즈니컴퍼니, 뉴스코퍼레이션(분할 후 21세기폭스로 승계), 컴캐스트, 타임워너가 공동 투자로 '훌루(hulu)'를 론칭했다. 이 훌루마저 월트디즈니컴퍼니가 인수하면서 월트디즈니컴퍼니는 자사의 콘텐츠를 넷플릭스에 제공하던 것을 연장 계약을 하지 않고 독자적으로 OTT 플랫폼 '디즈니+'를 론칭하였다. 론칭 하루만에 1,000만 구독자를 확보하는 기염을 토했다. 왜 콘텐츠 제국 월트디즈니컴퍼니는 콘텐츠(C)에서 플랫폼(P)의 영역으로까지 확장하게 되었나? 월트디즈니컴퍼니로 하여금 콘텐츠(C)에서 플랫폼(P)으로 유기적·비유기적 성장을 이끈 동인은 무엇인가? 넷플릭스와 월트디즈니컴퍼니, 이 두 거인만 보더라도 이 산업 부문에서 밸류체인을 변화시키고 있는 것이다. C ↔ P로 포지셔닝의 상호 확장이다. 서로 포지셔닝이 겹치는 격돌이다.

디바이스의 제국 애플은 2019년 3월 25일 미국 캘리포니아 주 쿠퍼티노 애플파크의 스티브 잡스 극장에서 열린 '애플 스페셜 이벤트(Apple Special Event)'에서 애플은 전통적인 디지털 디바이스(하드웨어+소프트웨어) 기업에서 서비스 분야로까지 영역을 확장한다고 선언했다. 이 이벤트에서 애플의 CEO 팀 쿡(Tim Cook)은 애플TV+ 애플News+, 애플Card, 애플Arcade 등을 선보였다. 새로운 TV 스트리밍 서비스인 'TV+'와 번들형 뉴스·잡지 구독 서비스 '뉴스+', 골드만삭스와 제휴한 '애플Card', 구독형 게임 서비스 '애플Arcade'를 출범한다고 발표했다. 애플이 OTT 플랫폼으로도 영역을 확장한 것이다. 즉 디바이스(D)에서 콘텐츠(C)와 플랫폼(P)으로 유기적 성장(organic growth) 방식으로 밸류체인을 확장한 것이다. D-C-P 포지셔닝으로의 밸류체인의 변화다. 어떤 동인이 애플을 이 방향으로 이끌었을까? 애플은 어느 방향으로 가고 있는가?

미국의 거대 통신회사들도 네트워크(N)를 기반으로 플랫폼(P)과 콘텐츠(C)로 수직 결합하고 있다. M&A라는 비유기적 성장(inorganic growth) 방식으로 밸류체인을 확장해가고 있는 것이다. AT&T는 워너미디어(HBO·시네맥스·TBS·CNN·카툰네트워크·워너브러더스)를 자회사로 두고 있고 OTT로 HBOmax를 론칭했다. 미국에서 인터넷 망사업자 1위인 컴캐스트는 NBC유니버설을 자회사로 두고 있으며 OTT로 피콕(peacock)을 출범시켰다.

삼성전자는 CPND의 밸류체인에서 크게 보면 소재 부문인 DS(디바이스 솔루션), VD(영상 디스플레이)와 함께 디바이스 부문인 CE(소비자 가전), IM(IT·모바일)에 핵심역량을 집중하고 있다. 삼성전자의 이 경영전략의 강·약점은 어떻게 평가할 것인가? 장기적인 미래는 어떻게 될까? 삼성전자의 밸류체인에 대해서는 본서의 마지막에 붙인 [보론]에서 언급한다. SKT는 공중파 방송3사의 OTT인 푹(pooq)과 자사의 옥수수(oksusu)를 합병하여 웨이브(wavve)를 출범시켰다. 공중파

방송3사가 프로그램 프로바이더(PP)로 합류한 모양새다. 즉 콘텐츠(C)로서의 포지셔닝이다. SKT는 네트워크(N)에서 출발하여 플랫폼(P)을 수직 결합하는 방향으로 추동하였다. N → P의 방향이다. 그러면서 공중파 방송3사를 콘텐츠로 레이블링한 모양새다.

아래의 도표는 IT거인들을 CPND 밸류체인(value chain, 가치사슬)의 관점에서 비교해보기 위해 작성한 것이다. Ⅰ은 C-P를 주요 사업 분야로 하고 있는 넷플릭스와 월트디즈니컴퍼니다. Ⅱ는 시가총액이

OTT CPND 밸류체인 현황표

분류	회사	OTT	관계사, 앱, 채널	C	P	N	D
Ⅰ	넷플릭스	넷플릭스		■	■		
	월트디즈니컴퍼니	디즈니+, 훌루	마블, 픽사, 루카스필름, 21세기폭스, ABC, ESPN, 내셔널지오그래픽, 디즈니랜드	■	■		
Ⅱ	애플	애플TV+	애플News+, 애플Arcade, 애플Card	■	■		■
	아마존닷컴	아마존프라임비디오	트위치, AWS, 아마존프라임, 필팩	■	■	■	■
	알파벳	유튜브	구글, STADIA, 애드센스, 네스트, 웨이모	■	■		
	마이크로소프트		Azure, Bing, 믹서, 팀즈		■	■	■
Ⅲ	페이스북		메신저, 인스타그램, 왓츠앱, 리브라, 오큘러스, 비트게임스, 플레이기가	■	■		
Ⅳ	AT&T	HBOmax	워너미디어(HBO·시네맥스·TBS·CNN·카툰네트워크·워너브러더스)	■	■	■	
	컴캐스트	피콕	Xfinity, NBC유니버설, 드림웍스, Sky, 유니버설파크앤리조트	■	■	■	
	버라이즌		야후, AOL	■		■	
Ⅴ	삼성전자						■
	SKT	wavve	SK브로드밴드, 11번가		■	■	

1,000조 원이 넘는 IT거인들이다. Ⅲ은 소셜 미디어의 강자 페이스북이다. Ⅳ는 통신회사다. Ⅴ에서는 OTT 플랫폼과 관련하여 한국의 대표적인 기업으로 삼성전자와 SKT를 거론하였다. 삼성전자의 경우 반도체 부문을 디바이스 부문에 넣어서 산정해야하는지 여부는 논외로 하였다.

'디지털 제국(Digital Empire)'의 마인드

하버드 비즈니스 칼리지는 케이스 스터디로 유명하다. 이 케이스 스터디에는 주어진 정답은 없다. 기업은 생동하는 생명체다. 기업경영에서 주어진 정답이 어디 있을까? 하버드 비즈니스 칼리지의 케이스 스터디에서 단골로 등장하는 케이스가 바로 넷플릭스다. 다음과 같은 정말 흥미진진한 이슈들을 뿌리고 있다.

(1) 스타트업인 넷플릭스가 어떻게 거대 경쟁업체인 블록버스터를 무너뜨렸는가? 그리고 디지털 테크놀로지 시대의 총아처럼 어떻게 OTT 시대를 리드하는 기업으로 성장하게 되었나? (2) 넷플릭스가 오리지널 콘텐츠 제작에 과감하게 투자하여 OTT 플랫폼(P)에서 콘텐츠(C) 영역에까지 수직 결합한 유기적(organic) 경영전략은 전통적인 콘텐츠 미디어 분야에서의 CPND 밸류체인의 변화를 가져왔는

데, 향후 이 CPND 밸류체인은 어떻게 변화할까? (3) 넷플릭스 vs. 블록버스터의 전쟁이 1막이었다. 2019년에 드디어 콘텐츠 제국 월트디즈니컴퍼니가 디즈니+를 출범시키면서 OTT 플랫폼 분야로 진출하였는데, 이 넷플릭스 vs. 디즈니+의 2막 전쟁은 어떻게 전개될까?

그리고 좀 더 흥미로운 상상력이 발휘된다. (4) 과연 넷플릭스와 월트디즈니컴퍼니, 이 두 거인은 경쟁업체로만 포지셔닝을 할까? 아니면 혹시 어느 날 둘이 합병을 모색할 수도 있을까? (5) 아니면 시가총액 1,000조 원이 넘는 거대 IT기업들, 특히 OTT 플랫폼으로도 유기적(organic)·비유기적(inorganic)으로 성장하려는 애플이나 아마존닷컴 혹은 알파벳은 넷플릭스와 월트디즈니컴퍼니를 언젠가 M&A하려고 시도할 것인가? 물론 여기에 아마존닷컴을 뒤쫓아 클라우드 서비스 분야로 진입하여 클라우드 분야에서 2강의 위치를 굳힌 마이크로소프트도 있다.

이 글로벌 OTT 플랫폼 대전쟁은 '디지털 제국(Digital Empire)'의 마인드와 시각으로 보아야 잘 볼 수 있고 그 이면의 속살도 들여다 볼 수 있다. '디지털 트랜스포메이션(digital transformation)' 시대는 필연적으로 글로벌로 시장이 확장될 수밖에 없기 때문이다. 개혁·개방과 혁신·성장의 방향으로 가야하는 추세를 외면하게 되면 미래로 가는 흐름에서 탈락하게 된다. 이것이 의미하는 바는 글로벌 밸류체인에서 디지털 스마일 곡선의 하단에 머무르게 된다는 의미이다.

NETFLIX

▶▶ 넷플릭스의 탄생

02

리드 헤이스팅스의 넷플릭스 창업

이제부터 OTT 플랫폼의 총아로 등장한 넷플릭스에 대해 알아보자. 넷플릭스(NETFLIX)라는 이름은 인터넷(Net)과 영화(Flicks)를 합친 조합어다. 넷플릭스의 창업자인 리드 헤이스팅스(Reed Hastings)는 소프트웨어 개발자 출신이다. 1991년 소프트웨어 개발 툴을 만드는 퓨어소프트웨어를 설립했다. 퓨어소프트웨어는 빠르게 성장했다. 1995년 마침내 IPO(기업공개)를 진행할 수 있을 정도로 그 크기를 키웠다. 하지만 1997년 퓨어 소프트웨어는 개발 프로세스 관리 도구를 만드는 래셔널 소프트웨어로 인수된다. 래셔널 소프트웨어는 리드 헤이스팅스에게 최고기술책임자(CTO)의 자리를 맡겼다. 하지만 자신만의 회사를 원한 리드 헤이스팅스는 새로운 창업을 위해 회사를 떠난다.

비디오대여점에서 영화 〈아폴로13〉을 빌려본 리드 헤이스팅스는 비디오테이프를 제때 반납하지 않았다고 40달러에 이르는 큰 연체료를 물어내야했다. 집에서 거리가 먼 비디오대여점까지 사용자가 직접 갔다 와야 하는 것도 불편한데 조금 늦었다고 연체료까지 내야하다니 매우 불합리한 서비스라고 생각했다. 그는 이에 불만을 품다가 넷플릭스의 기반이 되는 사업 아이디어를 떠올렸다. 기업가로서의 야성적 기질(animal spirit)의 발현이다. '세기의 분노'로 회자되는 이 계기로 리드 헤이스팅스는 넷플릭스를 창업하게 된다.

비디오·DVD 대여 사업에서 '연체료 없다'와 '대여 기간 제한 없다'는 두 가지 영업 노하우를 제시하여 성공하게 된다. 이것이 가능한 이유는 우편함을 이용한 비디오 택배 방식을 도입한 것이었다. 그리고 우편 반납 이후에 그 다음 비디오 대여가 가능하도록 해서 대여 기간에 제한되지 않고 이용할 수 있게 한 것이다. 다음 것을 빌리기 위해서는 기존에 대여 받은 비디오를 우편 반송하는 영업 시스템이었다. 물론 반송 봉투도 동봉했다. 넷플릭스의 초창기 사업 모델은 오프라인 점포를 둘 필요가 없었고 고객의 만족을 높였으므로 블록버스터(Blockbuster)의 시장을 잠식해나갔다.

리드 헤이스팅스는 비디오 대여와 감상이 모두 인터넷에서 이루어지길 원했지만, 초창기 인터넷의 열악한 환경에선 어림도 없는 일이었다. 때문에 현실과 상당히 타협을 해야만 했다. 초기 넷플릭스의 형태는 비디오대여점을 인터넷으로 옮긴 서비스였다. 사용자가 넷플릭스 홈페이지에 접속해 원하는 콘텐츠를 주문하면 해당 콘텐츠가 담긴 비디오테이프가 우편으로 사용자에게 전달된다. 이후 반납일이 되면 사용자는 우편으로 비디오테이프를 넷플릭스에 반납하면 된다. 비디오테이프를 빌리거나 반납하기 위해 외출을 해야 하는 번거로움을 줄이는데 성공한 것이다.

넷플릭스는 1998년 30명의 직원과 925개의 콘텐츠를 갖추고 비디오테이프 임대 서비스를 시작했다. 1999년에는 넷플릭스 서비스의 핵심인 월간 구독 서비스를 시작했다. 월마다 일정 금액(초기에는 5달러)을 내고 넷플릭스 회원으로 가입하면 넷플릭스가 보유 중인 콘텐츠를 무제한 임대할 수 있는 서비스다. 한 번에 하나의 콘텐츠만 임대할 수 있고, 임대한 콘텐츠를 반납하면 다시 새 콘텐츠를 임대할 수 있는 형태였다. 무엇보다 가장 큰 특징은 리드 헤이스팅스가 초기에 구상한대로 연체료가 전혀 없었다는 것이다. 회원 가입 도중이라면 한 콘텐츠를 계속 빌리는 것도 가능했다. 이러한 서비스를 바탕으로 가입자를 늘려나갔고, 마침내 넷플릭스는 미국 최대의 오프라인 비디오대여점인 블록버스터의 경쟁자로 떠오르게 된다.

설립 초창기인 2000년에는 넷플릭스는 우편 비디오 대여 회사였을 뿐더러 유통망과 인지도도 거의 없었다. 반면에 블록버스터는 맥도날드만큼이나 마을마다 프랜차이즈가 있었고 가격에서도 넷플릭스에 비해 큰 차이가 없었다. 게다가 당시 미국은 인터넷을 ADSL도 아닌 느려터진 모뎀으로 전화선을 이용해 썼기 때문에 VOD 서

비스는 시기상조로 여기는 것이 정상이었다. 이때 애플TV의 전신인 '티보(TiVo)'도 선을 보이기 시작했는데 그 서비스 역시 걸음마를 뗀 것에 만족해야 하는 수준이었다. 당시 월트디즈니컴퍼니 역시 비슷한 사업을 시도했으나 혹평만 들으면서 사업을 금방 접었을 정도로 스트리밍 기술과 통신 인프라 면에서 부족함이 많았던 시기였다.

넷플릭스의 스트리밍 OTT 서비스는 2007년 DVD 구독 고객에 한정하여 처음 도입되었고 이후 2008년부터 DVD와 요금제를 분리한 뒤 종량제 대신 정액제를 도입하고 콘텐츠 수를 늘려나갔다. 그리고 오리지널 콘텐츠까지 제작하여 P에서 C까지로 넷플릭스는 진화해갔다.

기업가 정신 혹은 야성적 기질

리드 헤이스팅스의 넷플릭스 창업, 그리고 혁신을 통한 블록버스터와의 경쟁에서의 승리는 '기업가 정신(entrepreneurship)'의 대표적인 사례다.

조지프 슘페터(Joseph A. Schumpeter)는 이윤 추구를 위해 새로운 방식으로 새로운 상품을 개발하는 것을 기술혁신으로 규정하고 기술혁신을 통해 '창조적 파괴(creative destruction)'에 앞장서는 기업가의 노력이나 의욕을 기업가 정신이라고 정의했다. 그는 신제품의 발명 또는 개발, 신생산 방법의 도입이나 신기술의 개발, 신시장의 개척, 신원료나 부품의 새로운 공급, 새로운 조직의 형성 등을 기술 혁신으로 보았다. 이윤이란 바로 창조적 파괴행위를 성공적으로 이끈 기업가의 정당한 노력의 대가다. 그런데 한 기업가가 혁신을 이뤄 이윤을 얻게 되면 혁신적인 기업가의 창조적 파괴행위는 곧바로 모방되어 사회 전체적으로는 점차 이윤이 낮아지게 된다. 경기순환은 이 같은 창조적 파괴가 주기적으로 이어져 나타나는 자본주의 경제의 고유한 현상이라는 것이 조지프 슘페터의 설명이다.

그리고 현대 경영학의 구루로 불리는 피터 드러커(Peter Drucker)는 기업가 정신에 대해 다음과 같이 설파한다.

"기업가 정신은 위험을 무릅쓰고 포착한 기회를 사업화하려는 모험과 도전의 정신이고, 이 같은 기업가 정신과 혁신을 별개로 떼어 놓고 생각할 수 없다. 과거에는 기업가가 창업을 통해 기업을 일궈 성공을 이뤘으나 점차 기업의 규모가 커지면서 창업보다는 기존 기업의 효율적 관리가 더 중요해지면서 기업가 정신이 많이 약해지는 현상이 나타나므로 내일의 성장을 위해 혁신이 필수 불가결하고 경영관리에서도 혁신을 실천하는 것이 중요하다. 기업가 정신은 대기업뿐만 아니라 중소기업, 공공기관에도 필요하고 신생 기업뿐만 아니라 오래된 기업에서도 필요하다. 기업가 정신은 기업 단위에 국한되지 않고 한 사회의 모든 구성원이 본질적으로 가지고 있어야 할 자기 혁신의 바탕이다. 기업가 정신을 바탕으로 끊임없는 혁신을 추구해 나갈 수 있을 때 비로소 한 사회가 다음 사회로 진보해 나갈 수 있다."

하버드 비즈니스 칼리지의 케이스 스터디에서 단골 케이스가 바로 넷플릭스다. 정말 흥미진진한 이슈들을 뿌리고 있다. 비디오 대여 시장에서 넷플릭스라는 스타트업이 어떻게 거대 경쟁업체인 블록버스터를 무너뜨렸는가? 디지털 테크놀로지 시대의 총아처럼 어떻게 스트리밍 OTT 플랫폼 시대를 리드하는 기업으로 성장하게 되었나? 오리지널 콘텐츠 제작에 과감하게 투자하여 플랫폼에서 콘텐츠 영역에까지 수직 결합, 수평 확대의 전략을 구사한 경영전략이 가져온 CPND의 밸류체인의 전망은 어떻게 될까? 2019년에 드디어 콘텐츠 제국 월트디즈니컴퍼니가 디즈니+를 출범시키면서 OTT 플랫폼 분야로까지 진출하였는데, 이 넷플릭스 vs. 디즈니+의 OTT 플랫폼 전쟁은 어떻게 전개될까?

정말 흥미진진한 핫이슈이기에 경영학에서 넷플릭스 케이스를 스터디하지 않을 수 없는 것이리라! 주어진 답과 결론은 없다! 생동하는 세렌게티 초원의 '야성적 기질(animal spirit)'이 부딪치는 격동의 현장이다. 물론 이것만이 아니다. 이들 경쟁 뒤에는 시총 1,000조 원이 넘는 IT거인들이 호시탐탐 넘보고 있다. 이 세렌게티 초원의 리얼리티 다큐멘터리를 보는 고객은 즐겁다. 시청자에 대한 서비스가 좋아지기 때문이다. 고객가치 창조라는 목표를 향해 자이언트들이 대결하는 것이기 때문이다. 그것이 시장의 도덕이며 질서다!

블록버스터를 무너뜨리다

아이러니하게도 블록버스터(Blockbuster)의 몰락은 대표적인 VOD 기업인 넷플릭스의 탄생과 연관되어 있다. 1985년도에 창업한 블록버스터는 비디오·DVD 렌탈 업체였다. 블록버스터는 1990년대 일반 가정의 비디오 플레이어의 광범한 보급이라는 시장 환경의 변화를 기회로 하여 초고속으로 성장한다. 2000년대 DVD 시대의 등장과 함께 미국 전역에 9,000여 개가 넘는 매장과 4,000만 명이 넘는 회원을 보유하며 거대기업으로 성장했다.

블록버스터를 잘 모르는 사람들이 많을 것이다. 이 회사는 1985년도에 창업됐으며 비디오 회사로 시작했다. 당시 미국 시장을 거의 독식하는 회사였다. 그러나 1997년 넷플릭스가 등장했다. 당시 넷플릭스 창업자 리드 헤이스팅스는 연체료 없는 DVD 대여점 사업 모델로 넷플릭스를 시작했다. 넷플릭스에서 DVD를 대여하면 작은 봉투를 같이 제공했다. 영화를 감상한 후 번거롭게 가게에 들려 돌려주지 않고 봉투에 DVD를 넣어 우체통에 넣는 방식이었다. 2,000년 리드 헤이스팅스는 당시 최고의 전성기를 달리던 블록버스터 사장이었던 존 안티오코(John Antioco)를 찾아가 5,000만 달러에 넷플릭스를 인수해달라고 요청했다. 존 안티오코는 넷플릭스가 별 볼 일 없는 업체라고 생각해 인수를 거절했다. 그러나 10년 뒤인 2010년에 블록버스터는 넷플릭스에 밀려 파산한다.

넷플릭스는 복수하기라도 작심한 것처럼 2007년 인터넷 스트리밍 서비스와 같은 IT기술을 사업에 접목시켰고, 세계 최대 동영상 스트리밍 서비스, OTT 플랫폼 업체로 등극했다. 반면 블록버스터는 미국 전국에 9,100개의 체인점 대부분이 문을 닫고 파산했다. 아이러니다. 디지털 트랜스포메이션에 대한 예지력의 부족은 블록버스터를 파산으로 몰았던 것이다. 역으로 넷플릭스는 스트리밍 플랫폼에서 오리지널 콘텐츠 제작으로까지 영역을 넓히며 글로벌 OTT 플랫폼으로 성장하여 현재에 이르고 있다. 물론 넷플릭스도 앞으로 어떻게 될지 모른다!

아래의 그래프는 이 과정을 보여주고 있다. 1998년~2016년까지의 넷플릭스 vs. 블록버스터의 매출(revenue)을 비교한다. 2011년에 두 회사의 매출 커브가 크로스 되면서 2012년도에 블록버스터는 파산했다. 그 기점이 된 것은 2007년 넷플릭스가 스트리밍 플랫폼을 론

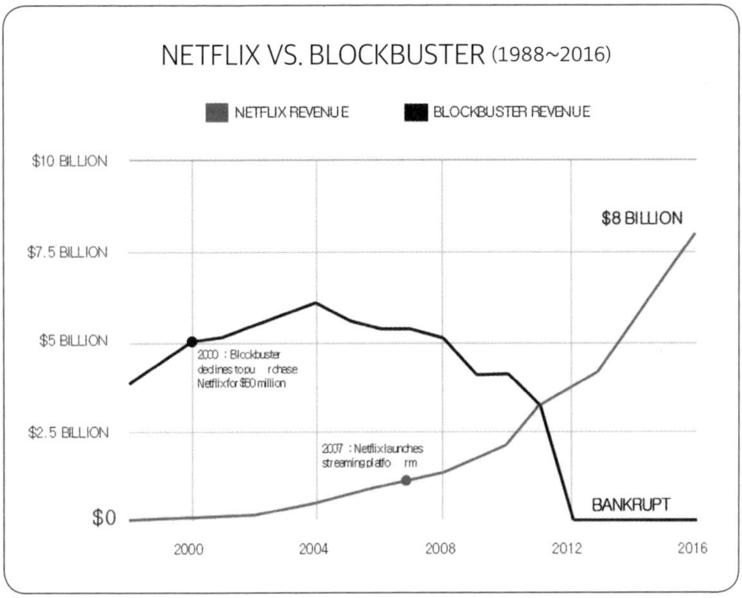

© Cloud Technology Partners

칭한 때였다.

여기까지가 흔히 알려진 사실이다. 이 케이스는 미래를 내다보지 못한 기업의 반면교사로 자주 인용된다. 그러나 블록버스터가 오프라인 비디오 렌탈이라는 구시대적 유물에 집착하기만 한 것은 아니었다. 2000년대 중후반까지는 넷플릭스와 유사한 온라인 스트리밍 서비스와 우편방식의 DVD 렌탈 서비스를 어떻게든 뒤쫓아 가면서 경쟁구도를 이루었다. 이 시기에는 넷플릭스의 임직원들이 블록버스터가 내놓는 여러 전략들(가격경쟁, 블록버스터 오프라인 매장을 기반으로 다양한 홍보 및 가입자 유치경쟁)에 엄청나게 시달리다가 블록버스터 때문에

회사가 문을 닫는 거 아닌가 하고 진지하게 걱정했을 정도였다.

오프라인 비디오 렌탈 사업이 사양길이라는 판단으로 온라인 스트리밍 사업과 온라인 렌탈 사업을 진두지휘하던 블록버스터 CEO 존 안티오코(John Antioco)가 과다한 연봉 문제와 온라인 렌털 서비스 등 신규 사업에 대한 투자 문제를 놓고 이사회와 갈등을 겪어 사임했다. 이 당시 블록버스터의 지분 10%를 보유한 대주주가 억만장자 기업 사냥꾼 칼 아이칸이었다. 블록버스터 CEO 존 안티오코는 실적이 부진한 가운데 너무 많은 보상을 받는 것이 아니냐는 비난을 뒤로 한 채 두둑한 보너스도 챙기고 10년 임기를 마치고 사임했다. 이후 세븐일레븐 CEO 출신의 제임스 케이스(James Case)가 새로 CEO로 부임했다. 당시 제임스 케이스는 세븐일레븐 출신의 경영자답게 오프라인 대여 매장에 집착했고, 블록버스터 렌탈샵을 푸드코트가 갖춰진 복합 쇼핑 공간으로 확장하는 기획을 밀어붙였다. 제임스 케이스의 시대착오적 사업 정책은 훗날 블록버스터를 파산에 이르게 한 원인이 되고 말았다. 이미 오프라인 대여 시장은 무비 갤러리 등 기존의 업체가 줄줄이 파산한 상황이었다. 제임스 케이스가 복합쇼핑 매장 사업에만 집중하다가 블록버스터는 소비자로부터 외면 받고 파산했다.

스트리밍 OTT 플랫폼 시대를 열다

넷플릭스가 드디어 비디오·CD 유통이라는 오프라인을 넘어서 디지털 비즈니스 영역으로까지 사업을 확장한다. 스트리밍 OTT 플랫폼 시대를 연 것이다. '갓플릭스'로의 변신이다. 넷플릭스는 DVD 우편 주문 배달(DVD-by-mail) 서비스와 함께 2007년부터 스트리밍 서비스를 시작한다. 처음에는 스트리밍을 통해 영화·드라마를 2,000편 정도를 서비스하였는데, 가입자는 우편 주문 배달과 스트리밍 서비스를 동일 요금에 동시에 받을 수 있었다. 이때는 점점 더 영화를 집에서 시청하는 수가 늘어날 때였다. 넷플릭스는 스트리밍 시장의 마켓메이커로서의 자리를 확고하게 굳히게 된다. 2011년에 리드 헤이스팅스는 우편 주문 배달 서비스와 스트리밍 서비스를 구분하여 우편 주문 배달 서비스는 Qwikster.com에서 서비스하기로 결정했는데, 구독자들의 항의와 주식시장에서의 급락으로 오래 못가서

이 구분 서비스 방식을 철회하였다. 2012년에는 사세가 급성장하여 2,300만의 가입자와 12만 편의 콘텐츠를 보유하게 되었다. 이 당시 넷플릭스의 스트리밍 OTT 플랫폼의 경쟁자는 훌루(hulu)와 아마존 프라임비디오(Amazon Prime Video)였다. 아래의 인포그래픽은 2012년 코드커팅이 시작되었음을 알리는 통계다.

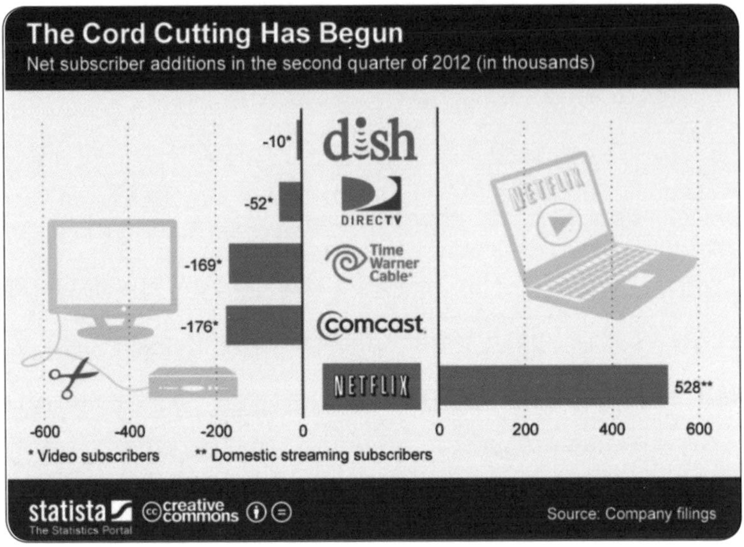

넷플릭스의 경영 전략의 성공은 다음 요인에 있다. 1) 영상제작 업체들과의 협력으로 신상 콘텐츠 확보가 성공하여 구독자들의 선택을 넓혀주었다는 점, 2) 스트리밍 테크놀로지를 사용자 경험(UX) 환경에 최적화시켜 맞춤형 서비스를 제공하였다는 점, 3) 스트리밍과 우편 주문 배달 서비스를 선택할 수 있도록 하면서도 스트리밍으로 전환에 성공했다는 점, 4) 브랜드 가치 관리를 위해 공격적인

투자를 했다는 점 등이다. 아울러 넷플릭스는 글로벌로 사업을 확장했다. 2010년에 캐나다로부터 시작하여 2011년부터는 43개국으로 진출하였다. 아래의 도표는 2019년까지의 넷플릭스의 글로벌 확장세를 보여주고 있다.

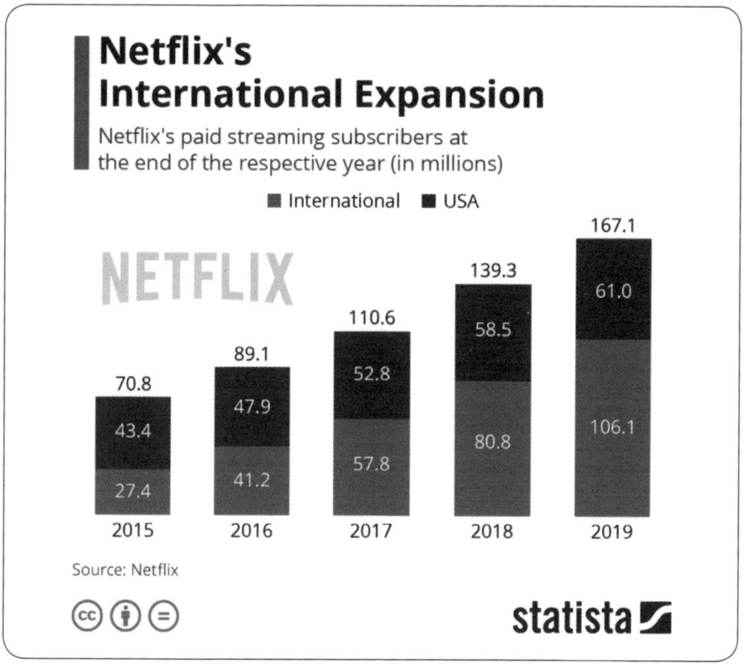

넷플릭스의 오리지널스 - 스필오버 효과

넷플릭스는 OTT 플랫폼에만 머무르지 않고 콘텐츠 영역에까지 진출한다. 넷플릭스의 콘텐츠 스필오버 효과 전략은 탁월하다. 넷플릭스의 오리지널 콘텐츠 〈하우스 오브 카드(House of Cards)〉가 그 사례다. 〈하우스 오브 카드(House of Cards)〉는 OTT 플랫폼 드라마 사상 최초로 에미상 중에서 감독상, 촬영상, 캐스팅상을 받았고, 골든 글로브에서는 4개 부문에 지명되었는데 티브이 드라마 여주연상으로 로빈 라이트(클레어 언더우드 역)가 수상했다. 권력을 향한 욕망과 음모와 배신과 갈등과 불륜이 판치는 워싱턴 정계의 이면을 적나라한 판타지로 그려내고 있다.

〈하우스 오브 카드(House of Cards)〉는 넷플릭스에서 2013년 2월 1일에 독점 공개한 정치 드라마다. 미국의 정가 워싱톤 D.C.에서의 최

고의 화제작이다. 미국의 전현직 대통령들도 즐겨 보는 정치드라마다. 마이클 돕스가 쓴 동명의 소설과 그걸 원작으로 한 BBC 미니 시리즈에서 모티브를 가져왔다. 드라마 제목인 하우스 오브 카드(House of Cards)는 카드로 쌓은 집처럼 엉성하고 비현실적인 계획을 의미한다. 또한 미국 하원을 House라고 부른다는 점과 Cards가 도박을 의미한다는 점을 감안하면 권모술수가 판치는, 그래서 엉성하고 불안정한 권력을 은유하는 중의적 의미도 있다.

시즌별 포스터에서도 볼 수 있듯이, "시즌 하나를 통째로 제작해 공개하는(ALL EPISODES)" 형식이며, "오직 넷플릭스에서만(ONLY ON NETFLIX)" 시청할 수 있다. 넷플릭스의 오리지널 스필오버 효과를 노린 홍보전략이다. 오스카 수상자인 케빈 스페이시 주연에 데이비드 핀처 감독이 에피소드 1~2를 감독하는 등 제작비를 아낌없이 썼다. 시즌1에만 1억 달러 이상의 제작비가 들었다. 필자도 이 시즌을 몰아치기로 다 보느라고 장장 일주일간의 연휴를 헌납하기도 하였다. 넷플릭스의 오리지널 제작 속도를 필자의 감상 속도가 따라갈 수 없을 정도로 넷플릭스의 오리지널에 대한 투자는 어마어마하다. 아래의 인포그래픽은 2014~2019년의 콘텐츠 투자비용이다. 2019년에는 $14.61b(약 17조8천억 원)을 투자하였다. 넷플릭스의 콘텐츠 투자는 계속 상승세다.

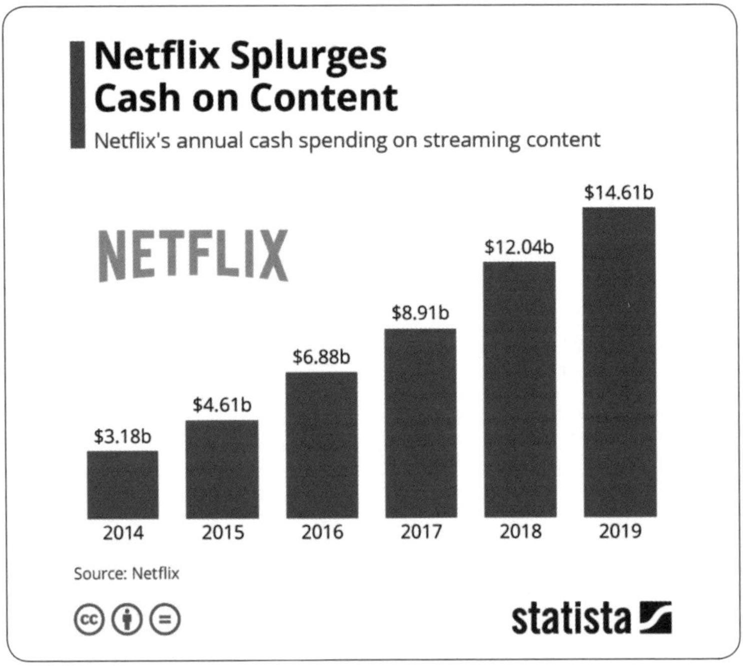

필자의 경우 넷플릭스를 구독하게 된 계기는 넷플릭스의 오리지널 〈마르코 폴로〉를 보기 위해서였다. 지정학 저널리스트로 유명한 로버트 카플란의 저서 『마르코 폴로 세계의 귀환(The Return of Marco Polo's World)』을 읽고 마르코 폴로의 『동방견문록』이 21세기에 들어서 영화적 상상력과 지정학적 맥락에서는 어떻게 재현되고 독해되고 있는지 비교해보고 싶은 생각이 들어서였다.

넷플릭스의 경우 시즌으로 나가는 대작을 선호하기에 드라마·영화 제작에도 규모의 경제가 작용하는 것이다. 넷플릭스의 오리지널인 〈하우스 오브 카드(House of Cards)〉의 경우 시즌6 챕터76까지 제작·방영 되었는데 각 챕터별로 러닝 시간이 1시간 정도임을 감안한다면 76시간이 소요된다. 하루에 챕터 하나씩 시청한다고 가정하면 거의 매일 보아서 두 달 반이나 소요되는 분량인 것이다. 그래서 연휴에 '몰아보기(binge-viewing)'의 유행이 등장했고 이런 문화적 유행이 넷플릭스의 흥행 요소다. 물론 사전제작이다.

다음의 인포그래픽을 보면 넷플릭스의 오리지널이 온라인에서 차지하는 비중의 크기가 한눈에 들어온다. 10개 작품 중 1개를 제외하고는 모두가 넷플릭스의 작품이다.

스필오버 효과(spillover effect)는 어떤 부문에서 특정 활동이 발생할 경우 그 결과가 해당 부문은 물론 다른 부문에게로 넘쳐흐르는 영향을 의미한다. 지역의 경우로 본다면, 물이 인근의 메마른 농지에

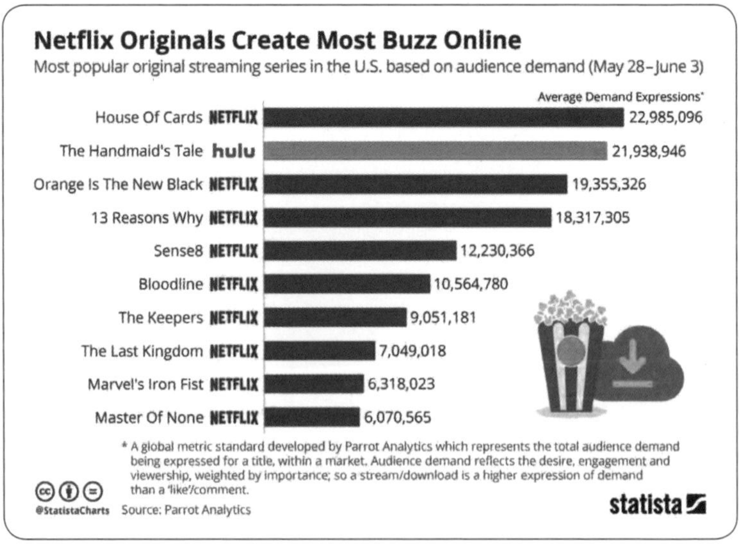

까지 흘러넘쳐 가뭄이 해소 되듯이 특정 지역의 혜택이 다른 지역에까지 영향을 미치는 것을 말한다. 스필오버는 어떤 요소의 경제활동이 그 요소의 생산성 또는 다른 요소의 생산성에 영향을 줌으로써 경제 전체의 생산성을 증가시키는 효과를 일컫는다.

K팝을 예로 들어 스필오버 효과를 살펴보자. 아이돌그룹 '여자친구'가 2020년 2월 3일에 새 미니앨범 〈회: 레버린스(回:LABYRINTH)〉를 내고 컴백하였는데, 2019년에 소속사 쏘스뮤직이 방탄소년단(BTS)의 소속사인 빅히트엔터테인먼트에 합류한 뒤 빅히트 레이블스(Big Hit Labels)로 편입되어 처음 발매하는 앨범이다. 빅히트엔터테인먼트 입장에서 본다면 비유기적(inorganic) 확장 전략이다. 여자친구는 컴백에 앞서 2020년 2월 18일에 팬미팅 '디어 버디-메이크 어 위시

(Dear. Buddy – Make a Wish)'를 열고 본격적인 활동을 시작했다.

이 사례가 스필오버 효과와 관련되어 주목되는 점은 빅히트엔터테인먼트와 쏘스뮤직의 시너지(스필오버 효과)다. 빅히트엔터테인먼트의 방시혁 대표프로듀서를 필두로 아도라(ADORA), 프란츠(FRANTS) 등 빅히트엔터테인먼트 사단의 프로듀서가 앨범 작업에 참여하여 여자친구의 음악 서사를 확장시켰다. 특히 방시혁 대표프로듀서는 자신의 작업명인 '히트맨 뱅'이라는 예명으로 앨범의 첫째 트랙 〈레버린스(Labyrinth)〉와 마지막 트랙 〈프롬 미(From Me)〉의 가사 작업에 참여했다. 역시 노래와 영상에 '서사의 미학(the aesthetics of epics)'을 입힐 줄 아는 방시혁의 손길이 묻어난다. 위의 유튜브 캡처 화면에서 보이듯이, 타이틀곡 〈교차로(Crossroads)〉의 유튜버 조회 수의 비약적 증가와 영어 사용 댓글들의 폭증과 그 내용을 살펴보면, 방탄소년단(BTS)의 팬덤인 아미(ARMY)의 스필오버 효과가 두드러진다.

〈미스터 션샤인〉의 경제학

〈미스터 션샤인〉의 제작사인 스튜디오드래곤은 CJ ENM의 자회사다. 스튜디오드래곤은 넷플릭스와 〈미스터 션샤인〉 방영권 라이선스 계약을 했다. 그런 연유로 넷플릭스는 〈미스터 션샤인〉을 넷플릭스 오리지널 시리즈로 소개하는 것이다. 국내에서는 tvN에서 방영하였다.

스튜디오드래곤은 경영상 비밀 유지를 이유로 넷플릭스와의 정확한 계약 금액을 밝히지 않았으나, 의무 공시 기준이 직전 사업연도 매출액(약 2,868억 원)의 10% 이상인 점을 감안하면, 넷플릭스에 적어도 280억 원 이상으로 판매한 것으로 추정된다. 24부작 사전제작이므로 회당 12억 원 수준이다. 이는 약 400억 원으로 추정되는 총 제작비의 70%에 달한다. 〈미스터 션샤인〉에 대한 넷플릭스의 방영권료, 즉 리쿱(recoup) 비율이 70%에 이른다는 추정이다. 일반적으로 넷플릭스의 리쿱율이 45~60%임을 감안하면 이 작품의 경우 드라마 제작경영의 훌륭한 성과 사례로 볼 수 있을 것이다.

국내 드라마·영화 제작사가 기존의 배급 방식대로 할 경우, 제작비 기준으로 매출은 방송사 리쿱(60~70%), VOD 등 유통수익(30~40%), PPL 등 부가수익(10~15%) 등으로 손익분기점(BEP, break-even point)을 맞추기가 빠듯하다. 그러나 글로벌 OTT인 넷플릭스와 배급 계약하여 넷플릭스 오리지널로 채택될 경우, 넷플릭스의 리쿱율이 부가되어 (이 경우 국내 방송사의 리쿱율이 45~60% 정도로 하락하더라도) 제작 경영 환경이 개선된다는 영업비밀이 숨겨져 있는 것이다. 물론 이 경우 회사의 주가도 상승한다.

2019년 11월 21일 CJ ENM은 넷플릭스와 스튜디오드래곤 지분 4.99% 매도권을 부여하는 계약을 체결했다고 공시했다. 또한 스튜디오드래곤은 넷플릭스와 3년간 21편 이상 드라마 제작·판매 계약을 체결했다. 글로벌 OTT와 로컬 콘텐츠 제작사 간의 전략적 협력의 모습이다.

오리지널 지적재산권(IP)의 멀티유스

월트디즈니컴퍼니는 IP를 확대재생산하고 있다. 넷플릭스도 이 모델을 따라가고 있다. 넷플릭스 오리지널 IP를 게임 콘텐츠로 개발하여 멀티유스한다. 지적재산권(IP)을 원하는 게임사에 스토리 소재를 제공하는 것이다. 대표적으로 〈다크 크리스탈〉과 〈기묘한 이야기〉이다.

넷플릭스는 2019년 게임전시회 'E3 2019'에서 인기 넷플릭스 드라마 〈기묘한 이야기〉를 원작으로 한 모바일 게임을 출시할 예정이라고 밝혔다. 2020년 〈다크 크리스탈 택틱스: 저항의 시대〉도 글로벌 출시했다. 개발사는 BonusXP다. 넷플릭스 오리지널 시리즈 〈다크 크리스탈: 저항의 시대〉를 배경으로 제작한 이 게임은 50개 이상의 턴 기반 전략 배틀로 구성된 RPG로 다양한 캐릭터와 일련의 사건들을 통해 트라의 세계를 구현해냈다. 이 게임은 닌텐도 스위치, PS4, 엑스박스 원, 스팀을 통해 출시됐다. 자사 오리지널 콘텐츠에 대한 넷플릭스의 원 소스 멀티 유스(OSMU)의 방향은 더욱 활발해질 것이다. 또한 영화·드라마로 기 방영되어 시장에서 기 검증된 작품을 IP 콘텐츠로 활용하는 것은 IP 발굴에 어려움을 겪고 있던 게임사들의 이해와도 일치한다. 흥미로운 현상이다.

〈다크 크리스탈 택틱스: 저항의 시대〉

넷플릭스의 큐레이션

넷플릭스의 가파른 성장세는 영상 콘텐츠 홍수 속에서 사용자 개인의 취향에 맞는 영상을 골라 추천해주는 '큐레이션(curation)' 기술 덕분이다. 현재 넷플릭스 전체 영상 시청의 80%는 사용자가 직접 고른 영상이 아닌 넷플릭스가 추천해준 영상이다. 넷플릭스의 개인 맞춤형 큐레이션 기술은 연간 1조 원 이상의 가치를 지니고 있다. 카를로스 고메즈 유리베 전 넷플릭스 제품혁신담당 부사장은 "개인화와 추천 시스템의 결합으로 넷플릭스는 연간 10억 달러(약 1조1,200억 원) 이상을 절약할 수 있다"며 "이 기술이 사용자가 넷플릭스를 해지하지 않도록 도와주기 때문"이라고 말했다. 넷플릭스 조사에 따르면, 사용자들은 넷플릭스에 접속한 뒤 2쪽에 걸쳐 최대 20개의 영상을 훑어본다. 이에 소요되는 시간은 60~90초. 이 사이에 관심 있는 영상을 찾지 못한다면 넷플릭스 서비스를 포기할 가능성이 커진다.

넷플릭스는 90초 이내에 사용자의 마음에 쏙 드는 영상을 찾아 제시해야 하는데, 개인 맞춤형 큐레이션 기술이 이를 가능케 한다.

넷플릭스의 큐레이션 엔진 '시네 매치'는 빅데이터·태그·알고리즘 등 세 개의 축으로 구성돼 있다. 먼저 큐레이션의 가장 기초 자료인 빅데이터는 사용자의 행동에서 취합된다. 넷플릭스의 아이디는 1억3,000만 개이지만, 사용자 프로필 기준으로 집계하면 총 2억5,000만 명이 넷플릭스를 사용하고 있다. 넷플릭스는 구독 서비스 등급에 따라 최대 4명까지 동시에 이용할 수 있는데, 이 4명이 각각 다른 프로필을 설정할 수 있다. 넷플릭스는 이 2억5,000만 명이 어떤 장르의 영상을 즐겨 보는지, 몇 시에 어떤 영상을 보고 있는지, 만약 중간에 껐다면 어떤 장면에서 껐는지 등 굉장히 세밀한 데이터를 추출해낸다.

데이터 수집을 컴퓨터가 한다면, 영상마다 태그를 다는 작업은 인간의 섬세한 손길이 담당한다. 넷플릭스로 신작이 입고되면 수십 명의 콘텐츠 담당자가 일일이 감상한 후 영화와 관련된 모든 태그를 아주 자세히 입력한다. 태그 작업이 완료되면 컴퓨터는 다른 영화와 비교 분석해 기존 카테고리에 포함시키거나 새로운 카테고리를 만든다. 넷플릭스에는 이 같은 카테고리가 7만6,000여 개 이상인 것으로 알려져 있다. 알고리즘은 이렇게 만들어진 카테고리와 빅데이터를 결합하여 사용자 개인에게 맞는 추천 영상을 추출해 낸다.

필자의 경우에도 넷플릭스로부터 거의 매일 “오늘 밤 Netflix 어떠세요?”라는 제목의 이메일이 도착한다. 넷플릭스의 최신 등록 콘텐츠를 소개하는 내용이다. Netflix 인기 콘텐츠로 〈베트남전쟁〉, 〈지정생존자〉, 〈바이킹〉 등을 소개하고, 회원님께 추천 드리는 인기 영화로 〈인터스텔라〉, 〈노바: 블랙홀 아포칼립스〉, 〈바디 오브 라이즈〉 등을 추천한다. 또한 시청 중인 콘텐츠에 〈팬데믹: 인플루엔자와의 전쟁〉, 〈10대 사건으로 보는 제2차 세계대전〉, 〈홈랜드〉 등이 있다고 알려준다. 아마도 다큐멘터리류의 콘텐츠를 즐기는 필자의 취향이 넷플릭스의 데이터 테크놀로지에 의해 읽혔을 것이다. “오~ 나의 아비투스(Habitus)여!” 구독자의 ‘문화적 정향(아비투스)’이 넷플릭스의 큐레이션 엔진 ‘시네 매치’에 의해 분석·해독되고 있는 것이다.

넷플릭스 구독자의 만족도가 80%를 넘는다는 결과는 이 같은 정교한 개인 추천 시스템 덕분이다. 사용자들은 단순히 하나의 취향이 아닌 여러 개의 취향을 가지고 있다. 넷플릭스의 추천 시스템이 사용자의 수많은 취향을 완벽히 충족시키지는 않지만, 머신러닝을 통해 조금씩 완벽에 가까이 다가가고 있다. 영상의 홍수 속에서 헤매야 하는 시간을 줄여주는 것도 사용자의 만족도를 높여주는 요인이다.

AWS(아마존웹서비스)와의 협력

넷플릭스는 비디오 스트리밍을 제공하기까지 웹 인프라를 어떻게 구축해왔을까? 흥미로운 점은 넷플릭스와 아마존닷컴의 관계다. 양사는 OTT 플랫폼에서는 경쟁관계다. 그런데도 넷플릭스는 현재 자사의 인터넷 데이터센터를 정리하고 아마존닷컴의 웹 서비스인 AWS에 입주했다. 무려 7년에 걸쳐서 AWS로 이전한 것이다. 경쟁과 협력 관계다. 그렇게 결정한 이유는 무엇일까?

넷플릭스 클라우드 오퍼레이션 및 안정성 팀의 시니어 엔지니어 데이브 한은 2018년 〈IT 서포트 쇼(IT Support Show)〉에서 "이 모든 것은 넷플릭스가 기존의 IT 오퍼레이션을 근본적으로 혁신했기에 가능했던 일"이라고 전했다. 2008년 자사 데이터센터에 관계형 데이터베이스를 구동 중이던 넷플릭스는 재앙 같은 일을 경험했다. 데이터센터 문제로 전체 서비스가 다운되고 3일 동안이나 DVD 배송이 중단됐던 것이다. 넷플릭스에 주어진 선택지는 2가지였다. 넷플릭스를 월드 클래스 데이터센터 오퍼레이션 기업으로 혁신하거나, 아니면 퍼블릭 클라우드로 서비스를 이전하는 것이다. 당시 넷플릭스는 무척 빠르게 성장하는 기업이었다. 그때 당시에도 수천 편의 영상과, 수백만 명의 고객들이 어마어마한 양의 데이터를 생성해 내고 있었다. 자체적인 데이터센터를 통해 이처럼 하늘 높은 줄 모르고 증가하는 볼륨을 감당하기에는 무리라는 판단이 들었다. 클라우드로 이전할 경우 수천 개 이상의 가상 서버를 추가하고, 수분 이내로 페타바이트(Petabyte) 단위의 스토리지를 담을 수 있었다. 누가 봐도 클라우드로의 이전이 합리적인 선택이었다. 얼마 지나지 않아 넷플릭스는 아마존웹서비스의 대표 고객이 되었다. AWS를 선택한 이유는 확장성과 다양한 서비스 및 기능을 제공했기 때문이었다.

하지만 클라우드로의 이전을 위해 기존 인프라스트럭처를 완전히 새롭게 설계해야 했다. 일체형으로 된 기업 시스템을 완전히 드러내어 그대로 AWS 클라우드로 이전할 수도 있겠지만, 그렇게 하더라도 데이터센터에 존재하던 문제점들을 그대로 클라우드로 가져가는 것에 불과했다. 결국 넷플릭스는 대안으로 넷플릭스 테크놀로지를 AWS에서 재구현하는 쪽을 선택했다. 넷플릭스의 오퍼레이션 방식을 근본적으로 바꾸기로 한 것이다. 넷플릭스가 클라우드로 이전을 완전히 끝내기까지는 7년이란 시간이 걸렸다. 2016년에는 마지막 데이터센터까지도 문을 닫았다. 기존 데이터센터를 대신하여 이제는 클라우드 인프라스트럭처가 고객 정보에서 추천 알고리즘에 이르기까지 넷플릭스의 모든 컴퓨팅 및 스토리지 니즈를 담당하고 있다.

넷플릭스와 디즈니+

콘텐츠의 제국 월트디즈니컴퍼니가 드디어 OTT 플랫폼 영역에 진입하였다. 넷플릭스 vs. 블록버스터의 전쟁이 1막이었다면, 2019년에 드디어 넷플릭스 vs. 디즈니+의 2막 전쟁이 시작된 것이다. 어떻게 전개될까? 월트디즈니컴퍼니의 CEO 밥 아이거(Bob Iger)의 M&A 대행진은 OTT 플랫폼 훌루(hulu)를 손에 넣고, 넷플릭스와의 콘텐츠 공급계약을 재연장하지 않고 드디어 디즈니+를 출범시켰다. 출범 첫날 하루만에 1,000만 구독자 가입이라는 대흥행을 달성하였다. 과연 넷플릭스와 디즈니+는 경쟁업체로만 포지셔닝을 할까? 둘 중에 하나만 살아남는 치킨게임일까? 아니면 혹시 어느 날 둘이 합병을 모색할 수도 있을까? 이들의 OTT 전쟁을 뒤에서 지켜보고 있는 더 큰 IT거인들도 있다. 미래가 흥미진진하다.

아래의 인포그래픽은 2019년 5월 미국에서 넷플릭스 구독자를 대상으로 한 서베이다. 신규 OTT 서비스가 출범한다면 옮길 의향이 있느냐는 질문이다. 답변자 중 32%가 디즈니+, 피콕, HBOmax 등으로 옮기겠다는 의향을 표시하였다. 특히 눈여겨 볼 점은 18~29세 층에서 디즈니+로의 이동 의향이 높다는 점이다. 아무래도 이 연령층에서 디즈니+ 콘텐츠의 흡인력이 상당하다는 의미다.

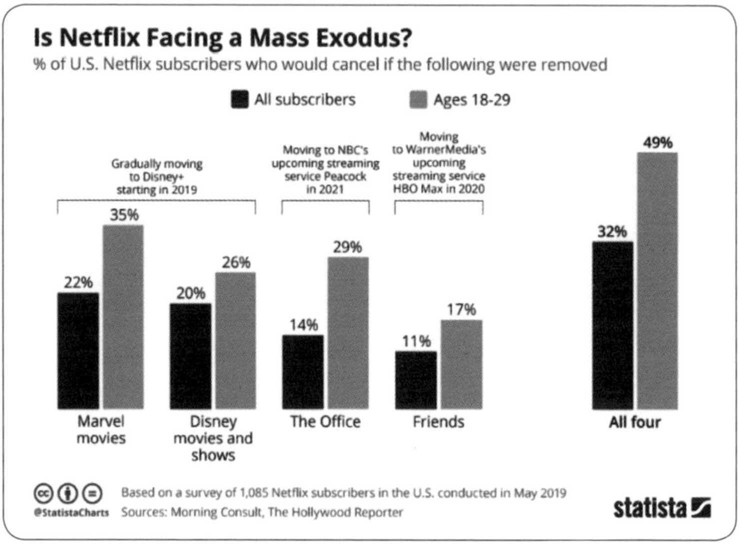

「클레이트튼 크리스텐슨과 '파괴적 혁신'」

넷플릭스가 스트리밍 시대를 열면서 블록버스터를 무너뜨린 사건은 경영학 연구에서 빠질 수 없는 케이스 스터디다. 무엇보다도 구경제를 무너뜨리고 신경제가 들어섰다는 점이다. 넷플릭스는 이른바 '디지털 트랜스포메이션(digital transformation)'의 성공 사례로 꼽힐 수 있다.

이 넷플릭스의 성공 사례는 하버드 비즈니스스쿨의 클레이튼 크리스텐슨 교수가 말하는 '파괴적 혁신(disruptive innovation)'의 대표적 사례라고 할만하다. 그는 저서 『파괴적 혁신 4.0 기업의 생존과 성장을 위한 11가지 핵심 가이드』에서 파괴적 혁신을 위해서는 기술과 시장의 변화에 능동적으로 올라타야 한다고 강조한다.

"산업을 혁신시킬 잠재력을 지닌 기술이 등장할 때 기존 기업들은 대개 해당 기술에 별다른 매력을 느끼지 못한다. 주류 고객들이 원하는 것이 아니고, 기대 수익이 대기업의 비용 구조를 감당하기에 충분하지 않기 때문이다. 그 결과 신기술은 간과된다. 이때 다른 기업이 나타나 새로운 시장에서 혁신을 일으킨다. 파괴적 기술이 이 시장에서 자리 잡으면 소규모 혁신이 해당 기술의 성능을 빠르게 개선한다. 그에 따라 주류 고객들이 중시하는 속성을 갖추게 된다."

아래의 그림은 이른바 '기술 S곡선(Technology S Curve)'이다. 신기술 개발은 처음에는 성과가 크지 않다가, 점점 노력과 시간이 더해지면서 폭발적인 성과를 낸다. 그렇게 성숙해진 기술은 사람들에게 널리 수용되다가 점차 정체되고, 새로운 신기술에 자리를 내주게 된다. 불연속성(discontinuity)이라는 다리를 건너가게 된다는 것이다.

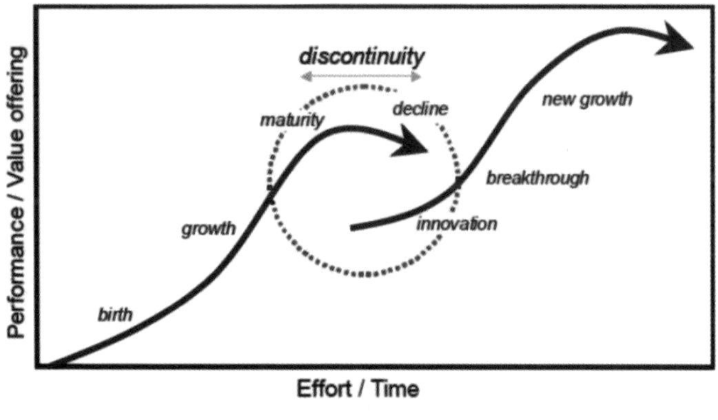

source : INNOVISIO : Capturing Opportunity in disruption

이 파괴적 혁신은 신기술이 등장할 때 불연속적으로 등장한다. 가령 아날로그에서 디지털로의 전환기에 파괴적 혁신이 일어난다. S자 곡선으로 성장해 가는 구 기업은 신기술의 등장 시기에 기민하게 대처하지 못하고 성장률이 하방으로 꺾인다. 이 틈에 신기술로 무장한 스타트업 벤처기업이 S자 곡선으로 치고나가 구 기업과 구 산업을 대체한다. "대기업이 새롭게 성장하는 시장을 종종 놓치는 이유는 규모가 작은 파괴적 기업이 실제로 그 시장을 더 잘 공략하기 때문이다. 부족한 자원은 문제가 되지 않는다. 신생 기업의 가치관은 작은 시장을 받아들이며, 그 비용 구조는 낮은 이윤을 감당할 수 있다. 또한 시장조사 및 자원 배분 절차는 경영자들이 직관을 따르도록 허용한다. 모든 결정을 세심한 조사와 분석을 토대로 내릴 필요는 없다. 이 모든 이점은 파괴적 변화를 수용하고 촉발할 수 있는 능력을 더해준다."

클레이튼 크리스텐슨은 질문을 던진다. "그렇다면 대기업은 어떻게 해야 이런 능력을 개발할 수 있을까?" 대기업 경영진은 불면의 밤을 보낸다. 블록버스터의 길로 갈 것인가? 넷플릭스의 길로 갈 것인가? 이 S커브를 지난 70년간의 기술 채택(Technological Adoption) 과정으로 축약시켜본다면 아래의 그래프로 그려진다. 변화의 속도가 그 이전보다도 더 빨라지고 있다. 바야흐로 우리는 과학기술혁명의 시대에 살고 있는 것이다. 이 과정은 물론 경제적 부로 향하는 길이다.

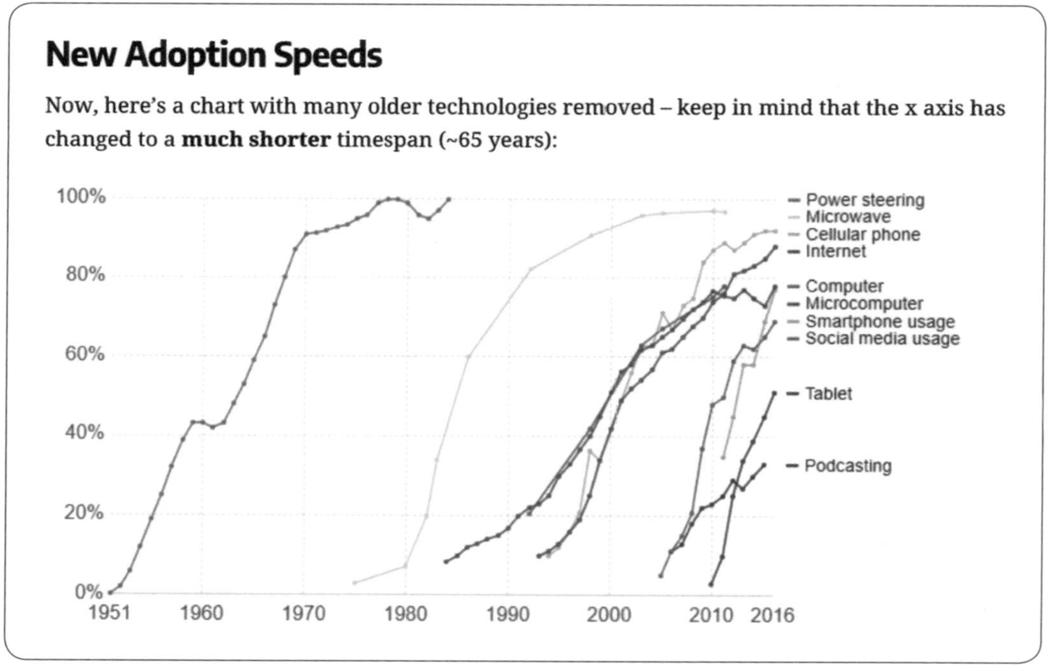

© Jeff Desjardins(2018.2.14.)

Disney+

▶▶ 디즈니+의 등장

03

콘텐츠 왕국 월트디즈니컴퍼니

월트디즈니컴퍼니(The Walt Disney Company)의 창업자 월터 일라이어스 디즈니(Walter Elias Disney, 1901~1966)는 미국의 애니메이터이자 영화감독, 성우, 기업인이다. 미국 일리노이 주 시카고에서 태어나 고등학교 때부터 상업 미술에 뜻을 두고 광고 만화 등을 그리기 시작하였다. '미키 마우스'를 창조하여 한층 인기가 높아졌다. 그 뒤 〈미키〉 〈도널드〉 등 많은 만화 영화를 제작하였는데, 삼원색 방식에 의한 최초의 천연색 영화인 〈숲의 아침〉으로 아카데미상을 받았다. 그 뒤에도 〈돼지 삼형제〉를 비롯하여 많은 걸작 만화를 만들었다.

월트 디즈니는 1937년 세계 최초의 장편 애니메이션 〈백설 공주〉를 제작하여 개봉하였는데 당대에 엄청난 화제를 모았다. 그때까지만 해도 애니메이션은 장편 영화 상영 도중 잠시 틀어주는 소품 같은 개념이어서 월트 디즈니의 도전은 무모하다고 여겨졌지만 개봉 직후 모든 흥행 기록을 갈아치우며 대성공을 거두었다. 〈전함 포템킨〉의 감독 세르게이 에이젠슈타인은 〈백설 공주〉를 본 뒤, 영화 역사상 가장 위대한 영화라고 추켜세우기도 했다. 월트 디즈니는 TV용 영화도 만들어 대호평을 받았다. 1955년 로스앤젤레스 교외에 디즈니랜드라는 거대한 어린이 유원지를 설립하여 영화 제작자 이상의 사업가로서도 자리를 굳혔다. 그가 영화업계와 세계 오락 산업에 끼친 영향력은 아직까지도 방대하게 남아있으며 여전히 대중문화 역사 사상 가장 중요한 인물 중 한 사람으로 꼽힌다. 월트디즈니 스튜디오는 형인 로이 디즈니와 함께 1923년에 창립했고 현재까지도 꾸준히 애니메이션을 제작하고 있다.

월트디즈니컴퍼니의 로고인 미키 마우스의 탄생 과정은 한편의 드라마다. 월터 일라이어스 디즈니는 짤막한 시나리오 한 편을 썼는데, 대서양을 횡단한 비행사 찰스 린드버그의 스토리에서 따온 것으로 제목은 〈미친 비행기(Plane Crazy)〉였고 주인공은 쥐로 정했다. 이 수컷 쥐는 아내 릴리언 디즈니의 의견으로 미키라는 이름을 갖게 되었고 이 캐릭터가 현재까지 월트디즈니컴퍼니를 대표하는 미키 마우스가 되었다.

월트디즈니컴퍼니는 미국의 거대한 대중매체 그룹이며, 오늘날까지 가장 큰 할리우드 스튜디오 중의 하나로 손꼽힌다. 월트디즈니컴퍼니의 주가는 2019년 11월 8일 디즈니+의 출범으로 기대감과 함께 7.35% 급등하였다. 글로벌 극장수익의 스튜디오별 점유율에서 월트디즈니, 픽사, 마블, 루카스필름, 21세기폭스 등 월트디즈니 소유 스튜디오 점유율은 총 48%에 달한다. 글로벌 영화 콘텐츠 시장에 차지하는 월트디즈니컴퍼니의 위상이 어느 정도인지 알 수 있다.

다음의 인포그래픽은 2019년 박스오피스에서 월트디즈니 스튜디오에서 출품한 작품이 얼마나 압도적인지를 보여준다. 〈어벤저스: 엔드게임〉, 〈라이언 킹〉, 〈캡틴 마블〉, 〈토이 스토리4〉, 〈알라딘〉, 〈겨울왕국2〉 등의 흥행 행진을 보여준다. 흥행 1위인 〈어벤저스: 엔드게임〉은 $2.80b(약 3.36조 원)의 흥행수입을 올렸다.

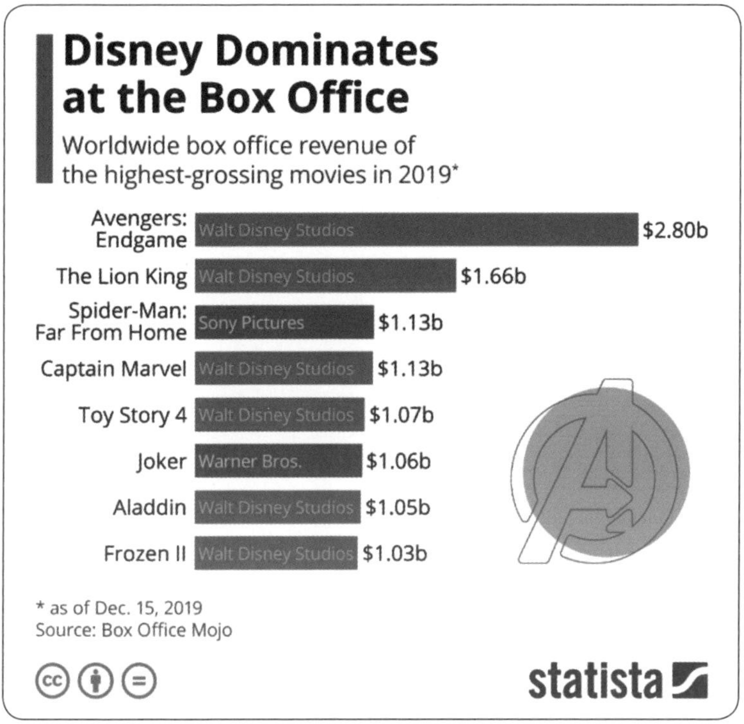
Disney Dominates
at the Box Office
Worldwide box office revenue of
the highest-grossing movies in 2019*
Avengers: Endgame
Walt Disney Studios
$2.80b
The Lion King
Walt Disney Studios
$1.66b
Spider-Man: Far From Home
Sony Pictures
$1.13b
Captain Marvel
Walt Disney Studios
$1.13b
Toy Story 4
Walt Disney Studios
$1.07b
Joker
Warner Bros.
$1.06b
Aladdin
Walt Disney Studios
$1.05b
Frozen II
Walt Disney Studios
$1.03b
* as of Dec. 15, 2019
Source: Box Office Mojo
statista

마블 스튜디오

마블 스튜디오(Marvel Studios, LLC)는 월트디즈니 스튜디오의 자회사다. 2008년부터 마블 시네마틱 유니버스에서 나오는 만화들을 기반으로 영화를 제작한다. 마블 시네마틱 유니버스(Marvel Cinematic Universe, MCU)는 마블 코믹스의 만화 작품에 기반하여, 마블 스튜디오가 제작하는 슈퍼히어로 영화를 중심으로 드라마, 만화, 기타 단편 작품을 공유하는 가상 세계관이자 미디어 프랜차이즈다. 마블 유니버스와 마찬가지로 마블 시네마틱 유니버스는 플롯, 설정, 캐스팅, 캐릭터를 공유하며, 각 작품마다 다음 작품에 대한 복선 또는 지난 작품와의 연관성이 깔려 있다.

여기에서 마블 코믹스는 미국 만화책 출판사이다. 월트디즈니컴퍼니의 자회사인 마블 엔터테인먼트의 출판 부문이다. 마블 코믹스

는 만화책 출판사로 2009년 월트디즈니컴퍼니에 의해 40억 달러에 인수되었다. 〈어벤저스〉 시리즈로 명성을 떨치고 있다. 월트디즈니컴퍼니는 마블 코믹스 인수 후 만화의 IP(지식재산권)를 통한 영화제작과 다채널 멀티 디스트리뷰션 등으로 멀티유스에 성공한다. 마블 코믹스는 월트디즈니컴퍼니가 유기적·비유기적 성장전략을 통합해낸 대표적 성공 사례라고 볼 수 있다.

우리는 마블을 거론하면서 애니메이션의 거장 스탠 리(Stan Lee, 1922~2018)를 빼놓을 수 없다! 스탠 리는 미국의 만화가, 영화 제작자, 배우다. 고등학교를 졸업한 뒤 마블 코믹스의 전신이던 타임리 코믹스에 입사하였다. 이후 40여년에 걸쳐 잭 커비, 스티브 딧코, 래리 리버, 돈 헥 등의 동료 만화가와 함께 수많은 슈퍼히어로 캐릭터와 만화를 창조해냈다. 이때 스탠 리와 다른 만화가들이 만든 캐릭터들로는 판타스틱 포(Fantastic Four), 헐크(The Incredible Hulk), 스파이더맨(The Amazing Spider-Man), 엑스맨(The X-Men), 아이언맨(Iron Man), 어벤저스

(Avengers), 데어데블(Daredevil), 토르(Thor), 캡틴 아메리카(Captain America) 등이 있다. 80년대 이후로는 일선에서 은퇴하고 마블 코믹스의 편집 위원, 마블 코믹스 명예 회장을 맡아 마블 코믹스 원작의 실사 영화 제작 총지휘 등을 맡고 있었다. 스탠 리는 1994년 만화 산업의 아이스너 상 명예의 전당에, 1995년에 잭 커비(Jack Kirby) 명예의 전당에 올랐다. 또한 그는 2008년 NEA의 국가예술훈장을 받았다. 아래의 인포그래픽은 스탠 리의 레거시가 만들어낸 $22b(약 26조8,400억 원)의 가치다. 박스오피스만 추산해서도 이 정도다.

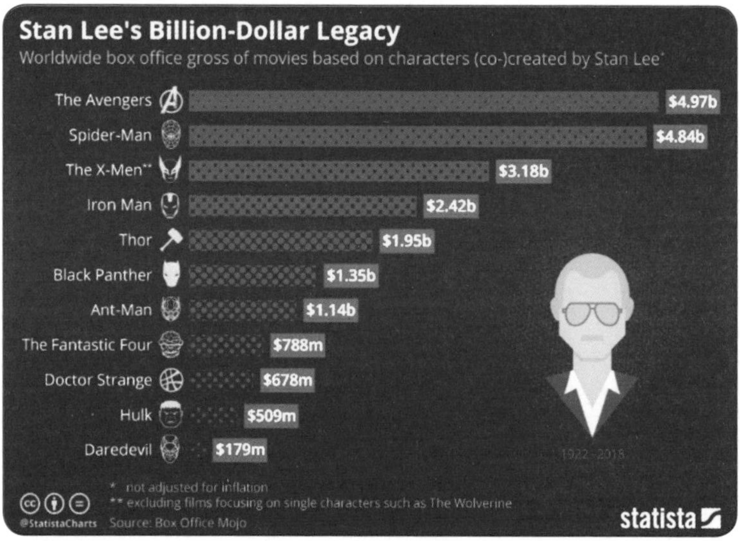

마블 코믹스는 만화를 지적재산권(IP)로 하여 대작과 후속작을 제작하여 인류를 판타지의 세계로 인도한다. 콘텐츠에서 지적재산권(IP)의 중요성을 강조할 때 빠지지 않는 사례다. 대부분의 마블 코믹스의 캐릭터들은 마블 유니버스라는 하나의 세계관 속의 거주자로서 이야기가 진행되고 있다. 〈어벤져스(The Avengers)〉는 마블 스튜디오가 제작하고 월트디즈니 픽처스가 배급하여 개봉된 2012년 미국의 슈퍼 히어로 영화이다. 마블 코믹스에 등장하는 동명의 슈퍼히어로 팀을 바탕으로 하고 있다. 〈어벤져스〉는 2012년 가장 높은 수익을 올린 영화로, 역대 순위에서는 〈아바타〉, 〈타이타닉〉에 이은 3위이다. 이후로 2015년 〈어벤져스: 에이지 오브 울트론(Avengers: Age of Ultron)〉, 2018년 〈어벤져스: 인피니티 워(Avengers: Infinity War)〉, 2019년 〈어벤져스: 엔드게임(Avengers: Endgame)〉을 후속작 시리즈로 제작하여 흥행에 대성공하였다.

스티브 잡스의 픽사를 인수하다

월트디즈니컴퍼니의 M&A 중에서 가장 화제를 낳은 것은 바로 스티브 잡스가 창업한 '픽사(PIXAR)'를 인수한 것이다. 스티브 잡스는 자신이 스티브 위즈니악과 함께 창업한 애플에서 1985년 쫓겨난다. 당시 애플의 CEO였던 존 스컬리와 이사회의 마찰로 애플에서 나온다. 제품 개발에 대한 방향이 달랐던 것이다. 그 후 스티브 잡스는 루카스필름의 컴퓨터사업 부문을 인수한다. 그것이 유명한 픽사의 전신이다.

픽사의 전신은 조지 루카스의 영화사 루카스필름의 컴퓨터 부문 주요부서 2개로, 실사 촬영 영화 장면을 디지털화하고 거기에 특수효과를 입힐 수 있는 맞춤형 컴퓨터를 개발하는 부서와 컴퓨터 그래픽으로 단편 애니메이션을 제작하는 애니메이션 부서였다. 루

카스가 갑작스런 이혼소송에 휘말려 급전이 필요해 두 컴퓨터 부서를 매각하기로 했고, 스티브 잡스가 이를 1,000만 달러에 사들였다. 1986년에 스티브 잡스와 조지 루카스 사이에 최종합의가 이루어졌고 컴퓨터 부서에서 판매하는 '픽사 이미지 컴퓨터'에서 회사 이름을 따 픽사(PIXAR)라고 지었다. 말하자면 스티브 잡스가 인수 후 리인벤션한 것이었다. 픽사의 주 고객은 애니메이션 제작사와 디자이너였으나 의료산업과 정보 분야 정부기관에서도 3D 그래픽이 필요해지면서 판매처가 확장되었다.

당시 침체기를 겪고 있었던 디즈니는 수작업으로 처리하는 2D 애니메이션 제작을 자동화하기 위한 방법을 찾았고, 픽사에서 그 계약을 따내었다. 픽사는 CAPS라는 맞춤형 시스템을 개발했고, CAPS는 1989년 〈인어공주〉의 마지막 장면에서 처음 사용되었다. CAPS가 애니메이션 제작에서 핵심적인 역할을 하자 월트디즈니컴퍼니에서 픽사 이미지 컴퓨터 수십 대를 주문하게 되었다.

1991년 픽사는 월트디즈니컴퍼니에게 함께 애니메이션을 만들 것을 제안했고, 픽사보다 아쉬운 게 없는 월트디즈니컴퍼니에게 유리한 조건으로 계약이 체결되었다. 월트디즈니컴퍼니는 작품 및 캐릭터에 관한 권리를 소유하고, 수익의 12.5%를 픽사에게 지불하며, 제작 작업 통제권을 월트디즈니컴퍼니가 보유하고 픽사와 앞으로 2편 더 제작할 권리를 가지며, 픽사 없이 작품 속 캐릭터를 이용해 속편을 제작할 권리를 가지고, 월트디즈니컴퍼니는 약간의 위약금을 물고 언제라도 프로젝트를 중단할 수 있다는 것이 그 내용이었다. 그런 과정과 우여곡절 속에서 〈토이 스토리〉가 제작되었다. 픽사가 애니메이션을 만들고 월트디즈니컴퍼니가 배급과 마케팅을 맡으면서 1995년에 세계 최초의 장편 CG 애니메이션인 〈토이 스토리〉를 개봉하였다. 〈토이 스토리〉는 그해 가장 높은 박스오피스 수익을 올린 영화가 되었고 같은 해 기업공개를 감행한 픽사는 넷스케이프(Netscape)를 누르고 그해 가장 큰 규모의 기업공개(IPO)로 기록되었다.

스티브 잡스는 〈토이 스토리〉의 성공으로 자신감을 얻게 되었고 주주들에게 보낸 서한에서 픽사를 디즈니와 스티븐 스필버그를 뒤이은 할리우드의 대표적인 브랜드로 만들겠다는 야심을 드러냈다. 〈토이 스토리〉가 흥행에 성공한 후 픽사와 월트디즈니컴퍼니는 〈벅스 라이프〉, 〈토이 스토리 2〉, 〈몬스터 주식회사〉, 〈니모를 찾아서〉 등을 제작하여 연속으로 대흥행을 이어갔다. 이후 스티브 잡스는 월트디즈니컴퍼니와 결별하고도 〈인크레더블〉을 제작하여 성공을 거두게 된다.

이제 화제의 인물이 등장한다. 월트디즈니컴퍼니의 새로운 CEO 밥 아이거(Bob Iger)는 픽사와의 관계를 개선하기 위해 노력했다. 특히 밥 아이거는 최신 디즈니 캐릭터가 아닌 픽사 캐릭터로 가득 차있는 디즈니랜드의 광경을 보고서 디즈니의 침체상태를 벗어나기 위해서는 픽사와 더 가까운 관계가 필요하다고 판단하여 주식 맞교환 방식으로 픽사를 인수하게 되었고, 픽사 주식의 50%를 갖고 있던 스티브 잡스는 그로 인해 월트디즈니컴퍼니의 최대 개인 주주(전체의 7%)가 되었다. 이후 픽사의 수장이자 〈토이 스토리〉의 감독인 존 라세터는 픽사와 디즈니 애니메이션 스튜디오의 CCO(Chief Creative Officer)로서 모든 디즈니 애니메이션의 제작을 지휘하며 총제작을 맡게 되었다. 이는 지속적인 흥행참패에 빠져있던 월트디즈니컴퍼니에 새로운 바람을 불게 해주었다.

밥 아이거의 M&A 행진

밥 아이거(Bob Iger)는 위에서 거론한 픽사, 마블 코믹스 등외에도 수평 확장 M&A 행진을 계속 이어간다. 월트디즈니컴퍼니는 2006년 픽사를 74억 달러, 2009년 마블엔터테인먼트를 40억 달러, 2012년 루카스필름을 41억 달러에 인수했다. 픽사와 마블, 루카스필름은 월트디즈니컴퍼니의 효자가 됐지만 M&A가 이뤄질 때만 해도 크게 환영받지 못했다. 픽사는 1년에 영화 한 편 정도를 내놓았기 때문에 74억 달러란 인수 금액은 지나치게 높다는 비판을 받았다. 마블을 인수할 때에는 스파이더맨과 엑스맨의 저작권을 다른 영화사에 빼앗긴 채 아이언맨, 캡틴아메리카, 토르 등 'B급 히어로'만 데려온다는 비아냥거림을 들었다. 루카스필름도 스타워즈와 인디아나 존스라는 걸출한 대작 콘텐츠를 갖고 있었지만 새 영화를 제작하지 않고 있던 상태였다.

부정적인 평가를 받았던 M&A는 밥 아이거 CEO의 세심함과 장기적인 안목을 통해 블록버스터 상품으로 거듭났다. 드림웍스와 경쟁하기 위해선 꼭 픽사가 필요했던 밥 아이거는 "픽사의 독립성을 지키고, 매번 흥행실적만을 고려한 블록버스터 애니메이션만 만들지는 않겠다"는 조건을 제시해 매각을 주저하던 스티브 잡스 당시 픽사 CEO로부터 동의를 얻어냈었다. 최근 흥행대작인 〈겨울왕국〉, 〈아이언맨〉, 〈어벤져스〉 등이 모두 M&A를 통해 얻은 결실이다.

월트디즈니컴퍼니는 유기적·비유기적(organic·inorganic) 성장을 계속 해왔다. 유기적 성장은 회사 내부의 핵심역량을 강화해 내생적 성장을 추구하는 것이라면, 비유기적 성장은 M&A나 레이블 등 협력관계를 통해 성장한다는 의미이다. 위에서 사례로 언급한 마블 코믹스의 경우도 전략적 M&A라는 비유기적 성장을 추구한 것이다.

「OTT 훌루(hulu)도 품다」

동영상 스트리밍 서비스 넷플릭스(NETFLIX)의 급성장을 계기로 이에 대항하여 훌루(hulu)가 등장했다. 훌루는 넷플릭스의 급성장으로 위기를 느낀 월트디즈니컴퍼니, 뉴스코퍼레이션(분할 후 21세기폭스로 승계), 컴캐스트, 타임워너의 공동 투자로 만들어졌다. 초창기 지분은 각각 디즈니 30%, 21세기폭스 30%, 컴캐스트 30%, 타임워너 10%였지만 월트디즈니컴퍼니가 폭스를 인수하고 타임워너의 모회사 AT&T가 훌루의 지분을 월트디즈니컴퍼니에게 매각하면서 디즈니와 컴캐스트만 대주주로 남아 있다가 2019.5.14. 월트디즈니컴퍼니가 컴캐스트의 지분까지 인수하여 이제 훌루는 월트디즈니컴퍼니의 자회사가 되었다. 2020년에 훌루는 JYP엔터테인먼트와 소니뮤직재팬이 협업한 걸그룹 프로젝트 〈니지 프로젝트(Nizi Project)〉를 방영하기도 했다. 흥미로운 조합이다.

밥 아이거의 수평·확장 M&A 행진은 훌루(hulu)를 인수하면서 OTT 플랫폼으로의 다운스트림 수직 결합의 대전환을 맞이한다. 2017년 월트디즈니컴퍼니는 21세기폭스(21st Century Fox)를 524억 달러에 인수하면서 화룡점정을 찍는다. 이 딜로 20세기폭스의 방송·영화 스튜디오, 22개 지역 스포츠 채널, 내셔널지오그래픽 등 케이블 방송 채널, 유럽 위성방송 스카이 지분(39%), 스타인디아, 훌루 등을 확보하게 된다. 여기에서 OTT 플랫폼 훌루(hulu)를 인수한 것은 밥 아이거의 꿈이 OTT 플랫폼으로 진출하는 것임을 드러낸 것이다. 아래 인포그래픽에서 보이듯이, 1995~2018년까지를 기준으로 영화 시장에서 월트디즈니컴퍼니는 21세기폭스와 함께 37.70%를 점유하는 부동의 1위로 거듭나게 된다.

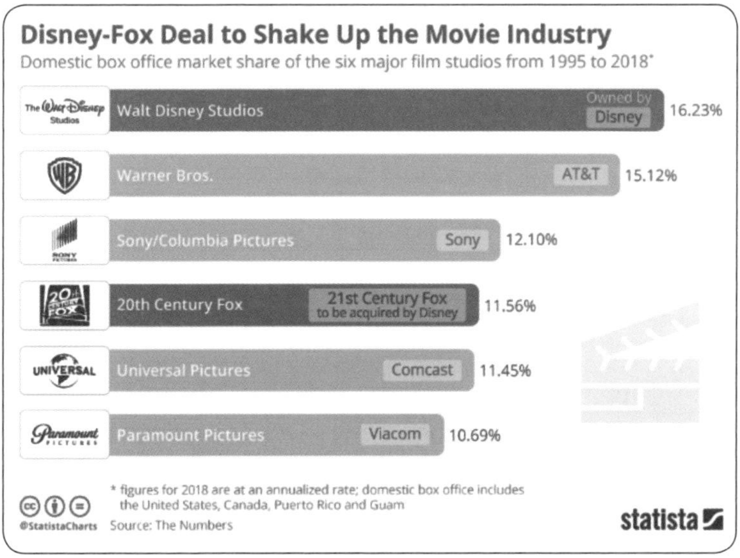

그리고 21세기폭스를 인수하면서 스타인디아(Star India)가 함께 인수되었는데 이것은 호박이 덩굴 채 들어온 것이다. 13억 인구의 인도에서 7억 시청자가 월트디즈니컴퍼니를 기다리고 있다. 월트디즈니컴퍼니는 이제 인도에서 폭스가 확보한 방대한 TV 네트워크와 스트리밍 서비스 가입자를 즉각 활용할 수 있게 된다. 미국 인구 3.28억 명의 2배나 되는 7억 명의 시청자를 확보한 것이다. 인도 인구 13억 명의 절반이 넘는다. 특히 스타인디아의 자회사로 스트리밍 서비스를 하는 핫스타는 2018년에 7,500만 명의 가입자를 자랑한다. 인도에서는 넷플릭스가 핫스타의 10% 수준으로 고난의 행군을 하고 있다. 이것은 넷플릭스가 OTT 플랫폼의 격전지로 한국을 택한 이유이기도 하다.

디즈니+를 출범시키다

월트디즈니컴퍼니는 2017년 MLB가 설립한 스트리밍 테크놀로지 회사인 뱀테크(BAMTech)를 인수했다. BAMTech는 HBONOW, 플레이스테이션 뷰 등에도 OTT 서비스 기술을 제공했다. 이미 이때부터 월트디즈니컴퍼니는 OTT 진출을 준비해 온 것이다. 그리고 OTT 진출을 위해 사업부서도 재편했다. 2018년 3월 '소비자 직접 제공 및 인터내셔널(Direct to Consumer and international)' 사업본부를 신설하였다. 신설부서는 콘텐츠 스트리밍 플랫폼과 기술 부분을 총괄하며 월트디즈니컴퍼니가 소유한 텔레비전 채널의 광고판매, 다른 배급사로의 콘텐츠 판매 등도 담당한다. 그리고 2019년 9월 마이크로소프트와 클라우드 애저(Azure) 사용 계약을 체결했다. 2019년 월트디즈니컴퍼니는 드디어 OTT로 디즈니+를 출범시키면서 디즈니+, ESPN+, 훌루를 한데 묶는 번들 상품을 출시하였다. 화룡점정을 찍은 것이다. 이제 항공모함 전단이 구성되어 OTT 플랫폼 대전쟁의 격전지로 출항한 것이다.

아래 사진은 2019년 디즈니+ 출범식에서 CEO 밥 아이거가 사업을 소개하는 장면이다. 디즈니+가 디즈니채널, 픽사, 마블, 루카스필름, 내셔널지오그래픽 등을 레미블로 하고 있다. 막강한 콘텐츠를 과시하고 있다. 그렇다면 월트디즈니컴퍼니가 OTT 플랫폼을 론칭하면서 C → P로 수직 결합을 해나가는 이유는 어디에 있을까?

디즈니+의 콘텐츠 전략

디즈니+의 콘텐츠를 감상할 수 있는 디바이스도 확대되고 있다. 안드로이드·iOS스마트폰, 안드로이드TV, 크롬캐스트, 아이패드, 아이팟 터치, 애플TV, 엑스박스 원, 플레이스테이션4, 삼성스마트TV, LG스마트TV, 파이어TV, 로쿠, 윈도우즈와 macOS에서 EME를 지원하는 웹 브라우저로, 크롬북에서 안드로이드용 앱, 리눅스에서도 EME를 지원하는 웹 브라우저로 콘텐츠를 감상할 수 있게 되었다.

디즈니+의 콘텐츠는 대부분의 연령대를 커버 가능한 압도적인 자체 콘텐츠에 있다. 월트디즈니컴퍼니가 보유하고 있는 전 연령대 대상의 자체 콘텐츠의 양과 질은 다른 OTT 플랫폼들이 볼 때 넘사벽이다. 무엇보다도 팬들의 높은 충성도가 장점이다. 아래의 인포그래픽은 2019년 콘텐츠 제작 투자 경쟁이 얼마나 치열한지를 보여준다. 월트디즈니컴퍼니는 $18.7b(약 22조4,400억 원)으로 1위를 달리고 있다.

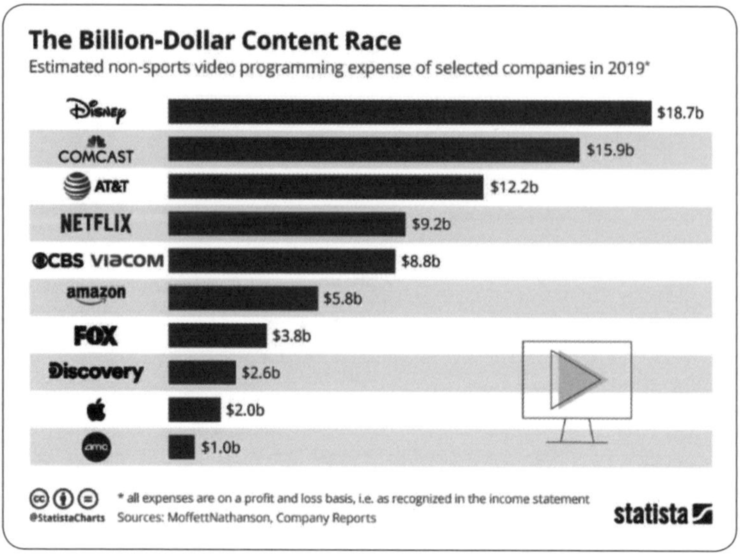

세계 모든 어린이들은 디즈니와 함께 어른으로 성장해왔다. 디즈니 애니메이션, 픽사, 스타워즈, 마블 시네마틱 유니버스, 심슨 가족, 내셔널 지오그래픽 등 더 이상의 설명이 필요하지 않다. 디즈니+는 월트디즈니컴퍼니에서 5년은 적자를 감수할 각오를 했다고 공언할 만큼 대규모의 투자를 바탕으로 만들어지는 OTT 플랫폼이다. 최소 몇 년간은 마르지 않는 자금줄을 바탕으로 한 가성비 높은 서비스 제공이 예상된다. 실제로 디즈니+에서 내세우고 있는 한 달에 6.99달러라는 요금은 넷플릭스나 HBOmax보다 훨씬 저렴하다. 요금으로 비교하면 애플TV+가 OTT 중에서는 제일 저렴하지만 오리지널 콘텐츠로만 서비스하기에 론칭 초기라 아직까지는 콘텐츠가 빈약하다. 반면 디즈니+는 기존의 디즈니 라이브러리에 오리지널 콘텐츠를 더하여 서비스한다는 점을 감안하면 실질적인 매력도는 디즈니+가 애플TV+보다 비교우위라고 볼 수 있다. 아래의 인포그래픽은 각 OTT별로 월단위의 구독료를 비교한 것이다.

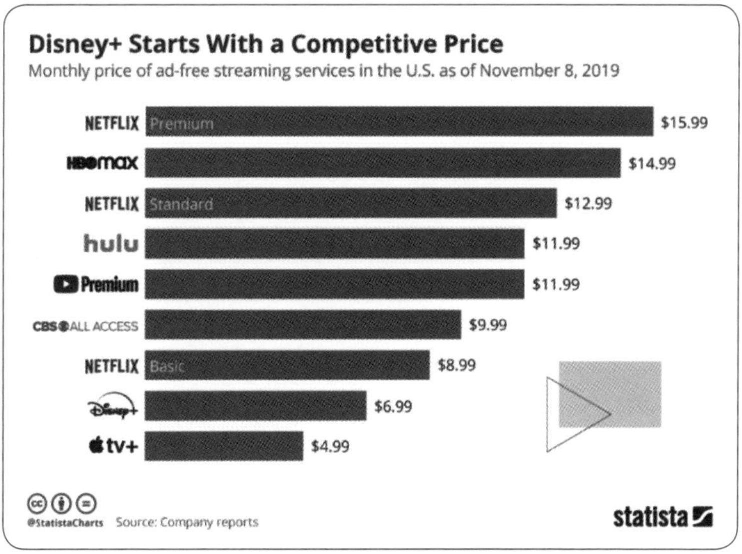

디즈니+는 훌루, ESPN 등을 번들로 상품을 구성하고 적어도 4개의 기기 동시 시청과 7개의 프로필 설정이 가능하도록 해 가족용 서비스를 핵심 역량으로 채택했다. 그러나 디즈니+에게도 단점이 있을 수 있는데, 우선 서드파티 콘텐츠의 부재 문제다. 다양한 서드파티 콘텐츠를 지닌 넷플릭스와 아마존프라임비디오와는 달리 디즈니+는 오로지 자사 콘텐츠만 서비스하기에 콘텐츠가 다양하지 못하다고 생각할 수도 있다. 그리고 성인 취향 콘텐츠가 부족하다는 점이다. 성인 취향 콘텐츠는 디즈니+보다는 훌루(hulu) 쪽에서 방영되겠지만 넷플릭스나 HBOmax처럼 저연령층과 성인 모두 즐길 수 있는 콘텐츠가 디즈니+에 집중되지 않는다는 약점이 생길 수 있다. 공식적으로 디즈니+에는 PG-13의 시청 등급을 넘지 않는 콘텐츠만이 서비스될 것이라고 발표되었다.

디즈니+와 넷플릭스는 대체재인가 보완재인가?

넷플릭스와 디즈니+의 OTT 전쟁의 승자는 누가 될 것인가? 월트디즈니컴퍼니가 보유한 지식재산권(IP)들의 대중성은 강력하지만, MCU, 픽사, 스타워즈 등 기존의 브랜드들을 기반으로 한 것이기 때문에, 넷플릭스처럼 콘텐츠의 다양성을 기대하기는 어려울 것이다. 비록 넷플릭스 오리지널의 퀄리티가 들쭉날쭉하고 대중적인 프랜차이즈의 구축에는 실패했다는 비판을 많이 받지만, 대신에 전 세계의 수많은 창작자들이 참여한 콘텐츠들이 한 데 모인다는 점에서 다양성 하나만큼은 최강이라고 평가받으니, 말하자면 디즈니+의 장점이 넷플릭스의 단점이고 넷플릭스의 장점이 디즈니+의 단점인 셈이다. 디즈니+의 오리지널 〈더 만달로리안 시즌1〉이 얼마나 힘을 낼지, 얼마나 스필오버 효과를 가져올지 흥미롭다.

여기에서 디즈니+와 넷플릭스는 대체재(substitutional goods)인가 보완재(complementary goods)인가라는 흥미로운 이슈가 등장할 수 있다. 대체재는 서로 대신하여 소비될 수 있는 재화를 의미하는데 이는 해당 재화들이 유사한 효용을 얻을 수 있기 때문이다. 그리고 서로 보완되어 소비될 때에 효용이 발생하는 재화를 보완재라고 한다. 디즈니+와 넷플릭스는 아마도 어느 정도는 경쟁관계로서 대체재이고 그러나 또한 어느 정도는 보완재가 될 수도 있다. 일방적인 상충(트레이드오프) 관계만은 아닐 것이다. 소득수준의 향상으로 두 개 이상의 OTT를 구독할 수 있다거나 다양한 콘텐츠를 향유하고자 하는 시청자들의 미학적 욕구가 둘 관계를 보완재로 정립할 수도 있다.

바라트 아난드와 '콘텐츠 트랩'

하버드경영대학원 비즈니스 전략 교수인 바라트 아난드(Bharat Anand)는 '콘텐츠 함정(Content Trap)'이라는 이슈를 제기한다. "콘텐츠는 귀신입니다. 모든 것을 해결해줄 것처럼 우릴 홀리지요. 하지만 이 함정에 갇히는 순간 패망의 길로 가는 겁니다"라고 주장한다. 콘텐츠 자체에 집중하는 함정에서 벗어나 연결과 융합이 창도하는 시너지에 집중하라는 메시지를 던진다. 그는 이 주장을 2016년에 책으로도 출간하였다. 한국에서는 『콘텐츠의 미래』라는 제목으로 번역 출판되었다. 바라트 아난드는 사람들이 콘텐츠라는 함정(trap)에 빠져서 진짜 중요한 것이 무엇인지를 보지 못한다고 주장한다. 그는 사용자(user)와 제품(product)과 기능(function)을 연결하라고 주장한다.

바라트 아난드는 먼저 올드미디어인 신문의 수익이 점점 감소하는 것에 대해 다르게 접근한다. 신문들이 타격을 입은 것은 일반적인 신문광고 감소 때문이라기보다는 소액광고의 일종인 클래시파이드 광고(Classified Ad) 때문이라고 설명한다. 우리나라로 따지면 벼룩시장, 가로수 같은 무가지에 소액광고를 빼앗긴 것이 신문사에 가장 큰 타격을 주었다는 것이다. 사람들이 신문을 읽지 않거나 인터넷으로 뉴스를 소비해서 신문이 위기를 맞이한 것이 아니라 소액광고가 더 이상 신문에 실리지 않기 때문이라는 설명이다. 한때 무가지로 갔던 소액광고는 지금 인터넷으로 대부분 옮겨갔고 페이스북과 구글 등 인터넷 거인들의 수익이 소액광고에서 나온다. 이런 상황에서 아무리 좋은 뉴스와 콘텐츠를 생산해 봐도 신문사를 살릴 수 없다는 것이다.

바라트 아난드는 네트워크 효과(network effect)가 지배하는 인터넷에서는 얼마나 좋은 품질의 콘텐츠가 들어 있느냐보다는 얼마나 많은 유저들이 사용하느냐가 훨씬 중요하다는 것이다. 네트워크 효과에 비하면 콘텐츠의 영향력은 그 아래에 있다는 것이다. 기업들은 제품 품질보다는 사용자들을 어떻게 연결시킬 것인지를 고민하라고 말한다.

콘텐츠에서 OTT 플랫폼으로의 전환은 콘텐츠 업체가 디지털 트랜스포메이션으로 플랫폼으로 진화한다는 의미이다. 디지털 D2C(Direct to Customer) 마케팅 전략이라고 볼 수 있다. 바라트 아난드는 '수직 결합(vertical integration)의 미스터리'에 대해서 언급한다. 엔터테인먼트 비즈니스에서 오래전부터 인기를 끈 수직 결합이란 콘텐츠와 유통이 통합 내지 결합되는 것이다. 사례를 든다면, 1986년 20세기폭스와 폭스 브로드캐스팅 코퍼레이션의 통합, 1996년 ABC와 디즈니의 합병, 2000년 승자의 저주에 빠져버린 AOL의 타임워너 메가 빅딜 인수, 2009년 컴캐스트와 NBC로 이어진 텔레비전 스튜디오와 브로드캐스트 네트워크의 합병, 그리고 이제 월트디즈니컴퍼니의 21세기폭스 인수 등이다. C-P-N의 수직 결합이다. 그런데 왜 이 거래에 대해 월가에서는 반기는가? 바라트 아난드는 사용자(시청자)와 제품과 기능의 연결에 그 답이 있다고 말한다. "콘텐츠의 품질이란 참 신기한 것이다"라는 묘한 매직을 언급한다. C-P-N의 수직 결합에 의해 C의 가치가 상승한다는 의미다.

tv+

▸▸ 애플은 고객에게 어떤 가치를 줄 것인가?

04

스티브 잡스와 리인벤션

스티브 잡스의 프리젠테이션은 단호박이다. 메시지는 간결하고 핵심을 전달한다. 그리고는 청중들을 휘어잡는다. 2007년 1월 9일 그는 아이폰의 탄생을 알리는 프레젠테이션을 한다. 맥에서 사용하는 소프트웨어 OS X를 구동시키고 핑거 터치로 인식하는 스크린의 스마트폰, 바로 아이폰의 탄생을 알리는 프레젠테이션이다. 좀 길게 스티브 잡스의 프리젠테이션을 인용해보자. 여기에는 애플의 DNA가 녹아있다.

"오늘은 제가 2년 반 동안 기다려온 날입니다. 때로 모든 것을 바꾸는 혁명적인 제품이 나오죠. 자신의 인생에서 한 번이라도 이런 혁신을 진행해본 사람이라면 매우 운이 좋은 사람일 것입니다. 애플은 운이 정말 좋았습니다. 그동안 몇 가지 제품을 세상에 소개할 수 있었으니까요. 1984년 애플은 매킨토시를 출시했습니다. 매킨토시는 단지 애플만 바꾼 것이 아니었습니다. 컴퓨터산업 전체를 바꿔버렸습니다. 2001년에는 아이팟을 발표했고, 이것은 우리가 음악을 듣는 방식만 바꾼 것이 아니었습니다. 음악 산업 전체를 바꿔버렸죠. 오늘 우리는 앞서 말했던 종류의 세 가지 혁신적인 제품을 발표하려고 합니다. 첫째로, 터치로 컨트롤 할 수 있는 와이드 스크린 아이팟입니다. 둘째로, 혁신적인 모바일 폰입니다. 셋째로, 상식을 뛰어넘는 인터넷 커뮤니케이션 디바이스입니다. 자 이 세 가지입니다. 아이팟, 폰, 인터넷 커뮤니케이션. 뭔지 감이 오세요? 이것은 세 가지의 디바이스가 아닙니다. 단 한 개의 디바이스입니다. 그 이름은 아이폰입니다. 오늘부로 애플은 모바일 폰을 재창조(Reinvention)할 것입니다. 바로 이것입니다. …… 우리가 하고 싶었던 것은 지금까지 나왔던 어느 모바일 디바이스보다 훨씬 스마트할 수 있는 제품을 만드는 것이었습니다. 또한 사용하기도 정말 쉽게 말입니다. 그것이 바로 아이폰입니다. 그럼 혁신적인 UI(유저 인터페이스)부터 이야기해보죠, 연구개발에만 수년이 걸린 작품입니다. 그리고 이는 하드웨어와 소프트웨어 간에 자유로운 상호작용을 이룹니다. 왜 혁신적인 UI가 필요할까요? ……”

그 후로도 디바이스의 강국 애플의 신제품이 연이어 혁신되어 등장한다. 애플TV(2007), 아이패드(2010), 아이튠즈 스토어와 아이클라우드, 그리고 애플워치(2014)까지! 아이러니하게 들릴지도 모르겠으나 전 세계 시계생산량 1위 기업은 애플이다. 스위스 시계회사가 아니다. 그리고 전 세계에 단 하나만 있는, 게릴라들의 근거지 애플파크도 있다. 그리고 2019년 3월 25일 미국 캘리포니아 주 쿠퍼티노 애플파크의 스티브 잡스 시어터(SJT)에서 열린 '애플 스페셜 이벤트(Apple Special Event)'에서 애플의 CEO 팀 쿡은 애플은 이제 전통적인 디지털 디바이스 기업에서 서비스로 영역을 확장한다고 선언했다. 디바이스에 서비스를 더하겠다는 선언이다. 애플TV+, 애플News+, 애플Arcade, 애플Card를 선보였다.

애플파크(Apple Park)의 건축미학

미국 캘리포니아 주 쿠퍼티노 애플파크(Apple Park)와 여기에 자리 잡은 스티브 잡스 시어터(SJT)의 건축 미학을 살펴보는 것도 흥미롭다. SJT는 스티브 잡스의 업적을 기념하기 위해 지어졌다. 애플 아이폰의 디자인 미학과 평행이론으로 어울리게 닿아있다. 건축가 노먼 포스터(Norman Foster)의 건축미학이 담겨있다. 영국왕립예술학교 총장이 된 애플의 수석디자이너 조너선 아이브(Jonathan Ive)와의 협업도 흥미롭다. 2017년 9월 12일 iPhoneX 론칭 콘서트와 함께 오픈했다. SJT는 애플 파크의 가장 높은 곳에 위치하며 1,000석 규모의 콘서트홀이 지하에 내장되어 있다. 마치 애플의 아이폰을 분해한 것 같다. 뭔가 미학적 교감이 느껴진다.

애플이 디바이스에서 OTT 플랫폼 콘텐츠 서비스로 영역을 넓

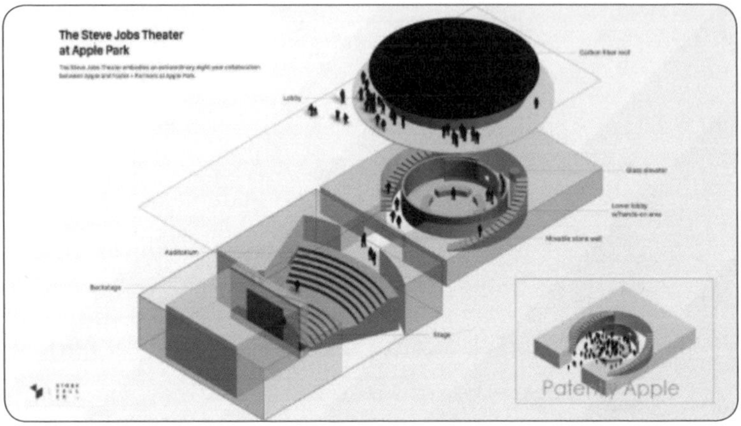

혀간다는 내용을 이 장에서 다루면서 제목을 '애플은 고객에게 어떤 가치를 줄 것인가'로 잡았다. 그 이유는 '애플이 창조하고 싶어 하는 고객가치는 미학적 미메시스가 아닐까?'라는 필자 나름의 직관적 통찰에서였다. 애플 파크의 건축미학에서도 애플의 미학경영이 통합되어 보이기 때문이다.

스티브 잡스가 세상을 떠나기 전의 마지막 작품은 바로 애플파

크였다. 휴렛패커드(Hewlett Packard)로부터 인수한 부지에 애플의 신사옥을 건축한 것이다. 2011년 10월 5일에 스티브 잡스는 만56세의 나이에 췌장암으로 사망하였다. 스티브 잡스가 세상을 떠나기 전 마지막 2년여의 삶을 투여한 작품인 이 건축물은 프리츠커 건축상을 수상했던 건축가 노먼 포스터가 운영하는 Fosters+Partners에서 설계하였다. 스티브 잡스, 조너선 아이브, 노먼 포스터가 머리를 맞대고 애플파크의 건축미학을 표현해낸 것이다. 이 애플파크는 건축미학을 거론하는데도 빠질 수 없는 건축물이다. 그리고 애플파크에는 스티브 잡스의 미학이 녹아있다. 물론 스티브 잡스는 여기까지는 언급한 바 없다. 필자가 보기에 이 미학적 가치는 애플의 미학경영으로까지 이어진다. 애플파크의 건축미학을 애플의 미학경영과 관련하여 좀 길게 논하는 이유다.

2011년 6월 7일 스티브 잡스는 세상을 떠나기 네 달 전에 쿠퍼티노시의 시의회에 참석하여 애플파크 건축안에 대해 스페셜 프레젠테이션을 한다. 예의 검은 티 차림이다. 훌쩍 야위었다.

"애플은 잡초처럼(like weeds) 성장해왔습니다. 우리는 항상 쿠퍼티노에 있었고 조그만 사무실에서 출발하여 마침내 지금의 빌딩에 자리 잡았습니다. 애플의 신사옥은 전 세계에서 가장 훌륭한 사무용 건물이 될 것이라고 생각합니다. 좀 신박하게(rather odd) 들릴지도 모르겠습니다만 하나의 빌딩에 12,000명이 일하게 될 것입니다. 우주선(spaceship)이 착륙하는 모습같이 보일지도 모르겠군요. 이 우주선 중앙에 훌륭한 정원을 갖추고요 빌딩은 곡면으로 짓고 외벽의 유리도 모두 곡면입니다. 세계 최대의 유리로 지은 건축물이 될 것입니다. 건축면적은 20%이고요 80%는 조경입니다. 3,700 그루의 나무가 식재되고요. …… (빌딩의 신박하고 친환경적인 기능에 대한 설명이 쭉 이어지고) ……"

다음은 애플파크를 설계한 건축가 노먼 포스터의 회고다. "저에게는 애플파크 프로젝트가 2009년 여름에 시작되었어요. 스티브 잡스로부터 전화가 왔었지요. 스티브가 말했어요. 노먼 당신의 도움이 필요해요. 저를 당신의 클라이언트로 대하지마시고 당신 팀의 일원으로 생각해주세요." 노먼 포스터(Norman Foster)는 누구인가? 그의 건축미학의 세계는 어떤 것인가? 어떤 생각의 지점에서 스티브 잡스는 노먼 포스터의 건축미학이 자신의 미학적 감수성과 닿았다고 생각했을까? 기업이 성장하여 거대기업이 되면 사옥에 대해 생각하기 마련이다. 오너와 CEO의 최애 관심사다. 거기에는 기업의 DNA와 철학이 담기기 마련이다.

프린스턴대에서 미술사·고고학학과 교수로 건축대학과 독일어과 교수를 겸하고 있는 할 포스터(Hal Foster)는 당대의 최고의 미학자다. (물론 필자의 판단이다. 필자는 할 포스터의 미학적 지평에 대해서는 비판적 입장이지만, 그의 미학 분야에서의 학문적 성취는 무척 존중한다.) 그는 특히 건축미학에 대해서도 통찰력이 대단하다. 할 포스터가 2012년에 출간한 저서 『콤플렉스』는 그의 건축미학이 담겨있다. 번역자는 부제를 '미술을 소비하는 현대 건축의 스펙터클'로 잡았는데 핵심을 잘 잡은 듯하다. (이 책의 원저명은 *The Art-Architecture Complex*. 예술과 건축이 서로 공명하는 복합체로서의 현대 건축이라는 의미 맥락이다. 콤플렉스는 바로 그 의미.) 할 포스터는 현대 건축의 핵심 이데올로기의 문제를 언급하면서, 노먼 포스터의 건축미학에 대해 현대의 '모던 룩(modern look)'으로 특정 지운다.

"20세기 초반의 근대 건축—백색주의, 추상, 직선이 강조된 아돌프 루스와 르 코르뷔지에의 다양한 작업들—이 모던 룩을 어떻게 포착했던가를 돌아보자. 근대 자동차나 근대 의상, 근대 인간 등 모든 게 옛것이 된 지금까지도 이 건축물들은 근대적으로 보인다. 나는 노먼 포스터가 오늘날의 모던 룩을 이와 흡사한 방식으로 이룩했다고 주장한다. 노먼 포스터는 현재 건축의 이미지를 첨단화된 외양으로 누구보다 설득력 있게 전달한다. 물론 이러한 건축적 시도는 건축적 실천이 끌어들인 신경제 체제의 고객들—첨단 기술업체, 거대기업, 유럽과 아시아의 은행, 여러 형태의 관공서 등—의 힘으로 이루어진 것이지만, 반대로 이 기업들은 바로 그 이유 때문에 여기에 동참한다(여기에서 또다시 이미지 반사가 일어난다). 르 코르뷔지에(Le Corbusier)

와 같은 근대 건축가들의 작업이 그러했듯이, 이 모던 룩은 단순한 외양의 문제가 아닌 총체적 에토스(ethos)•의 반증이다. 르 코르뷔지에가 근대성의 이미지를 정갈한 기능성으로 규정하면서 건축을 '주거를 위한 기계'로 정의했다면, 노먼 포스터는 그 자체의 가치를 부여하는 세련된 소재와 지속가능한 시스템, 탁월한 기획을 더하여 그 이미지를 한 단계 더 끌어올린다."

노먼 포스터는 디지털 테크놀로지 시대, 자본의 집중·집적 시대의 르 코르뷔지에의 데자뷰라고 평가할 수 있을 것이다. 애플파크라는 우주선(spaceship)을 타고 과거의 모던 룩이 미래로부터 도래한 것이다. 디지털 테크놀로지로 설계하고 신소재를 사용하고 이 건축물을 민간에서 지을 수 있을 정도의 시가총액 1천조 원 기업이 등장하는 시대 변화 속에서 모던 룩이 실현된 것이다. 유선형의 스펙터클한 건축을 가능하게 만든 테크놀로지, 자본, 신소재의 활용 등은 당대의 모던 룩을 가능하도록 한 것이다. 롱샹 성당의 곡면이나 컨셉 아트에만 머물 수밖에 없었던 직선의 '브와쟁 플랜'은 르 코르뷔지에의 어쩔 수 없는 시대적 한계임이 분명하다. 모더니스트 르 코르뷔지에도 그 점을 아쉬워했을 것이다. 그런데 필자가 이야기하고 싶은 것은 애플과 노먼 포스터의 미학적 만남이다. 애플과 노먼 포스터는 휴브리스(hubris)••라는 접촉면에서 서로 경첩(輕捷, hinge)이 된다. 자연 인간의 가시적 가청적 가촉적인 감각의 한계를 초월하는,

• 여기에서 에토스(ethos)는 단순한 외양이 아니라 사회경제적 지위까지도 포함하는 총체적 모습의 의미다. 할 포스터, 『콤플렉스』, 김정혜 옮김, 현실문화, 2014. p.92. 참고.

즉 미시와 거시의 휴브리스한 에토스의 향연이 애플파크에서 성취된 것이다. 애플 아이폰 내부의 미시·미세·희미의 디바이스와 건축물 애플파크의 거시·거대·무한의 스펙터클(Spectacle)이 만난 것이다. 이것이 가능했던 것은 거대 민간 자본의 투자와 최첨단 건축 테크놀로지 발전의 만남이다. 르 코르뷔지에가 가장 부러워했을 상상속의 작품인 것이다. 르 코르뷔지에가 활동했던 20세기 초반에는 결코 성취될 수 없었던 조건들이었다.

아래의 사진에서와 같이 노먼 포스터의 건축 작품 〈스위스 레(Swiss Re)〉와 애플의 스마트폰 〈iPhone 12 Pro Max〉의 대비처럼 평행이론에서 언급되는 것 같은 공명(resonance)을 하는 것이다. 아마도 스티브 잡스가 본능적·직감적으로 노먼 포스터에게 애플파크의 설계를 의뢰한 것은 바로 이 미학적 접점이었을 것이다.

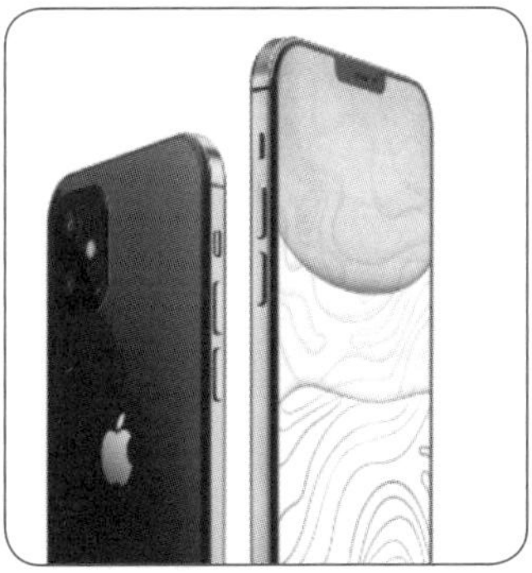

〈스위스 레(Swiss Re)〉, 런던. 1997~2004. 〈iPhone 12〉

•• 휴브리스(hubris)는 원래 적절함을 벗어났다는 의미다. 포도주 원액을 물에 타서 알맞은 도수로 만들어 마시는데 이 적절함을 벗어났다는 의미다. 인간의 감각을 벗어난 극미와 극대의 상태를 표현하는 미학 용어다. 고명석, 『예술과 테크놀로지 - 미학적 상상력으로 보다』, 새빛, 2019. p.463. 참고.

스티브 잡스의 미학적 감수성

스티브 잡스는 디지털 애니메이션 회사 픽사를 키우고 또 월트 디즈니컴퍼니에 자신이 키운 픽사를 매각하면서 자신의 미학적 가치를 높였다. 이 거래도 돈이 아니라 월트디즈니컴퍼니의 주식으로 받았다. 약 7% 정도. 스티브 잡스의 유산을 물려받은 그의 아내 로렌 파월 잡스는 월트디즈니컴퍼니의 개인 최대주주 중 하나다. 애플에는 픽사의 DNA가 남아 있는 것이다. 만약에 스티브 잡스가 생존해있고 OTT 플랫폼으로 진출한다고 결정했다면 아마도 비유기적(inorganic) 방식의 월트디즈니컴퍼니와의 수직 결합도 염두에 두었을 것이다.

스티브 잡스의 미학적 감수성은 애플의 디자인 책임자였던 조너선 아이브(Jonathan Ive)와의 협업에서 드러난다. 조너선 아이브는 애플

최고디자인책임자(CDO)로서 애플의 감성적이고 인간 중심적인 디자인을 창조한 주역이다. 그는 스티브 잡스와 함께 애플 제품의 인간 중심적 디자인 완성도를 높인 인물로 유명하다. 그는 아무리 기술적으로 뛰어난 아이디어가 나왔다고 하더라도 사용자 중심적으로 생각해 봤을 때 부족하다 싶으면 제품에 채택하지 않는 애플의 철학을 확립하는 데도 일조했다. 그가 디자인한 대표적인 제품으로 아이맥, 아이폰 등이 있다. 또한 그는 애플의 하드웨어 디자인뿐만 아니라 iOS7이나 macOS 같은 소프트웨어 디자인에도 관여하며 하드웨어와 소프트웨어를 아우르는 통일적인 감각을 불러일으키는 데 큰 역할을 했다. 그리고 쿠퍼티노에 있는 본사 사옥인 애플파크 건축에도 공을 들였다. 애플파크는 그 안에서 일하는 사람들이 가장 편안하고 감각적으로 쾌감을 느낄 수 있도록 설계된 것으로 유명하다.

스티브 잡스의 전기를 작성한 월터 아이작슨은 스티브 잡스가 조너선 아이브를 '영혼의 단짝'으로 여겼다고 저술했다. 조너선 아이브도 잡스에 대해 "우리가 사물을 볼 때면 우리 눈이 물리적으로 보는 것과 우리가 마음에 품는 생각은 정확히 똑같았다"고 밝힌 적이 있다. 그는 애플이 이제껏 만든 제품에 스티브 잡스만큼 큰 영향을 끼친 인물인 셈이다. 2019년 6월 조너선 아이브가 애플을 떠났다. 하지만 애플은 그가 수립한 디자인 철학을 계속 수혈 받겠다는 입장이다. 애플 CEO 팀 쿡은 "우리의 관계가 계속 진화하길 바라며 미래에도 오랫동안 그와 일하길 기대한다"고 언급하며, 애플은 조너선 아이브의 회사 러브프롬을 주요 고객사로 두게 될 것이라고 밝혔다.

조너선 아이브가 시종일관 애플 디자인 영감의 원천이자 롤 모델로 치켜세우는 이가 있다. 바로 산업 디자인의 세계적 거장 디터 람스(Dieter Rams)다. 바우하우스가 문을 닫기 1년 전인 1932년 독일에서 태어난 디터 람스는 바우하우스의 디자인 사조에 대해 연구했고, 마침내 'Less is more'라는 개념을 내세우며 가전회사 브라운(Braun)의 명작들을 만들었다. 애플의 아이팟과 아이폰에 탑재된 계산기 어플리케이션은 디터 람스가 디자인한 브라운 휴대용 라디오, 계산기와 상당히 닮았다.

스티브 잡스는 비즈니스에서 미학적 가치의 중요성을 알았다. 그런데 여기에서 '미학적 가치'란 무엇을 의미하는 것일까?

애플이 서비스 생태계로 향하는 까닭은?

언제까지 애플은 디바이스의 명가로만으로 남을 것인가? 물론 디바이스 부문의 성장세가 지속된다면 그러한 방향을 계속 추구할 것이다. 그러나 현실은 그렇지 않다는 데 고민이 있다. 아래의 인포그래픽은 이미 2016년을 기점으로 스마트폰의 생산·소비량이 최고점을 달했음을 보여준다. 이미 스마트폰의 시대가 피크를 찍었다. 물론 아이폰 한 부문만을 예시한 것이지만, 디바이스 전체의 생산·소비량을 보아도 그러하다. 그렇다면 대안은 무엇인가? 지금까지의 애플 소비자들이 애플의 서비스 생태계에 머무르게 하는 애플 월드를 만들어보는 것이 어떨까? 애플 구독경제로 확장하는 것이 어떨까?

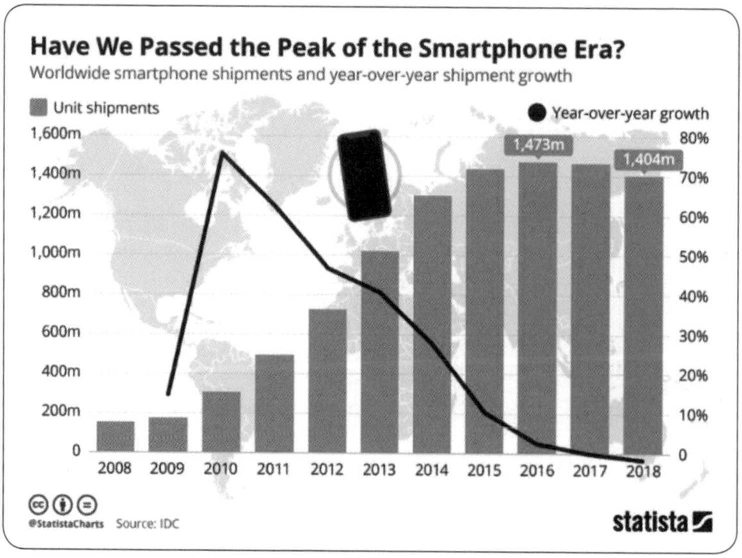

Have We Passed the Peak of the Smartphone Era?
Worldwide smartphone shipments and year-over-year shipment growth
Unit shipments
Year-over-year growth
1,600m
1,400m
1,200m
1,000m
800m
600m
400m
200m
0
80%
70%
60%
50%
40%
30%
20%
10%
0
1,473m
1,404m
2008
2009
2010
2011
2012
2013
2014
2015
2016
2017
2018
@StatistaCharts
Source: IDC
statista

애플은 고객에게 어떤 가치를 줄 것인가?

경영학의 구루, 피터 드러커(Peter Drucker)는 "기업의 목적은 바로 고객을 창조하는 것"이라고 말했다. 너무도 유명한 말이다. 경영학의 1장 1절이다. 고객을 창조하기 위해 마케팅과 이노베이션이 작동해야 한다는 것이다. "기업의 존재를 결정짓는 것은 고객이며, 고객이야말로 기업이 제공하는 제품과 서비스의 가치를 매기는 유일한 대상이고, 그들은 서비스 자체가 아니라 그것들이 제공하는 '효용'을 구매하는 것이다." 그러기에 기업의 마케팅은 고객의 현실, 욕구, 가치로부터 출발하며, 고객에게 팔고 싶은 것이 아니라 고객이 사고 싶어 하는 것을 알아내는 것이다. 즉 "고객이 진정으로 가치를 느끼고 필요로 하며 간절히 찾고 있는 만족이 이것이다"라고 말해야 한다.

그런데 경영학자 필립 코틀러(Philip Kotler)는 고객 창조, 고객 만족에서 한 발 더 나간다. "고객을 만족시키는 것으로는 충분하지 않다. 고객을 기쁘게 해야 한다."(It is no longer enough to satisfy your customers. You must delight them.) 고객을 기쁘게 해야 한다는 말은 무슨 의미일까? 필자가 바로 위에서 언급한 '미학적 가치'를 추구하는 것이 아닐까?

2007년 1월 9일 아이폰의 탄생을 알리는 프레젠테이션과 2019년 3월 25일 '애플 스페셜 이벤트(Apple Special Event)'는 애플의 진로에서 분기점이었다. 필자가 보기에 애플이 스페셜 이벤트를 기점으로 디지털 디바이스의 강자에서 서비스로 영역을 확장한다고 선언한 것은 "애플은 고객에게 어떤 가치를 줄 것인가?"라는 질문에 대한 대응이라고 본다. 고객의 미학적 가치의 창조라는 점에 개안을 한 것이리라. 애플이 이제 미학경영, 고객 감동이라는 가치를 추구하고 있다.

애플 스페셜 이벤트 2019

2019년 3월 25일 미국 캘리포니아 주 쿠퍼티노 애플파크의 스티브 잡스 극장에서 열린 '애플 스페셜 이벤트(Apple Special Event)'에서 애플은 전통적인 디지털 디바이스 기업에서 서비스로 영역을 확장한다고 선언했다.

'애플 스페셜 이벤트(Apple Special Event)'의 개막 영상 쇼는 애플의 미션, 조직, 생산제품 그리고 열정을 보여준 한 편의 압축된 메시지였다. 애플의 브랜드 로고인 한 입 베어 문 컬러풀한 사과와 '싱크 디퍼런트 프로덕션(A Think different PRODUCTION)'이라는 제작사명을 패러디한 화면에서 콘서트는 출발한다. 애플의 DNA와 애플의 생태계를 함축하는 영상이다.

"부적응자들, 반역자들, 트러블메이커들과 함께(in associated with THE MISFITS, REBELS, AND TROUBLEMAKERS) 매킨토시(Macintosh)가 연출하고, 부단히 폰들을 갈아치웠고 2백만 앱들을 안내하는 그 폰이 특별출연(THE PHONE THAT CHANGED PHONES FOREEVER and introducing 2MILLION APPS FOR THAT)하고, 홈팟(HOMEPOD)이 여러분 주머니 속 5천만 곡 음악을 담당하고, 모두가 예스를 말할 때 아니오를 외치는 천 명(A THOUSAND NO'S FOR EVERY YES)이 편집하고, 애플펜슬(APPLEPENCIL)이 집필하고, #샷온아이폰(#SHOTONiPHONE)이 사진감독을, 애플맵스(APPLEMAPS)가 로케이션 스카웃을, 시리(SIRI)가 조감독을, 애플페이(APPLEPAY)가 제작프로듀서를 담당하고, 100% 재생에너지(100% RENEWABLE ENERGY)로 제작되고, 로스 알토스의 차고(A GARAGE IN LOS ALTOS)에서 출범했고, 미친자들(THE CRAZY ONES)에 의해 설립된 싱크 디퍼런트 프로덕션(A Think different PRODUCTION)입니다."

디바이스에 서비스를 더하다: TV+, News+, Arcade, Card

이날 이벤트 중에 CEO 팀 쿡이 애플TV+를 소개하는 장면을 좀 더 들여다보자.

"하지만 우리는 TV경험에 더욱더 기여하고자 합니다. 애플은 항상 이 세상을 더 나은 곳으로 만들고자 노력해왔고 창조의 힘을 깊게 믿습니다. 우리 제품들은 사람들이 자신의 창조성을 표현하고 자신의 이야기를 말하는 것을 도왔습니다. 왜냐하면 거대한 이야기들은 이 세상을 변화시킬 수 있기 때문입니다. 이 거대한 이야기들은 우리를 움직이게 하고 영감을 불러일으키게 할 수 있습니다. 이 이야기들은 우리를 놀라게 할 수 있고 우리의 억측에 도전할 수 있습니다. 우리는 거대한 스토리텔링을 통해서 뭔가 우리의 문화와 사회에 중요한 어떤 것에 기여할 수 있다고 느낍니다. 그래서 우리는 매우 생각이 깊고 이룬 것도 많고 상도 받은 창조적 비전을 지닌 분들과 파트너가 되었습니다. 그분들은 쭉 함께 한 분야에서 구태하지 않고 새로운 창작 활동을 해오셨습니다. (이분들께서) 애플TV+와 함께 하십니다!" (그리고 스티븐 스필버그 감독 등 애플TV+의 프로그램에 출연하는 셀럽들이 차례로 소개된다.)

스티븐 스필버그(Steven Spielberg)가 애플TV+를 소개하고 있다.

스티븐 스필버그 감독은 애플TV+ 오리지널 판타지 드라마 〈Amazing Stories〉 10부작을 제작 중이다. 그리고 〈Dickinson〉, 〈See〉, 〈For All Mankind〉, 〈The Elephant Queen〉 등 오리지널 드라마, 영화 및 다큐멘터리로 구성된 강력하고 영감을 주는 라인업을 제공한다. 특히 〈The Morning Show〉는 치열한 경쟁을 소재로 리즈 위더스푼(Reese Witherspoon)과 제니퍼 애니스톤(Jennifer Aniston)이 출연 및 총괄 제작을 담당하고 스티브 카렐(Steve Carell)이 출연한 드라마로 아침 뉴스쇼의 세계와 미국의 아침을 깨우는 이들 뒤에 숨겨진 자존

심, 야망, 권력을 향한 욕망을 파헤친다.

애플TV+는 스티븐 스필버그 감독, 제니퍼 애니스톤, 리즈 위더스푼, 오프라 윈프리 등 연예계의 셀럽들이 연출부터 출연까지 하는 자체 제작 오리지널 시리즈를 방영하여 넷플렉스 등의 OTT 플랫폼에 맞서겠다고 발표하였다. 연간 10억 달러 이상을 투자한다. 애플TV+는 아이폰, 아이패드, 맥, 애플TV에 앱을 적용하고 여기에 애플TV앱이 연동되는 삼성·LG·소니의 스마트TV도 포함된다. 애플News+는 내셔널지오그래픽, 피플 등 300개 이상 매거진을 번들형으로 제공하는 신문·잡지의 디지털 구독 서비스로 월 9.99달러의 구독료로 제공한다. 애플Card는 애플페이와 함께 사용할 수 있는 신용카드로 골드만삭스, 마스터가드와 제휴한다. 연회비와 해외사용수수료가 없고 2% 캐시백을 적용한다. 애플아케이드(Arcade)는 게임 구독 서비스로 아마존의 트위치, 구글의 스타디아의 대항마인 셈이다.

iPhone SE를 출시한 까닭은?

디바이스의 강국 애플에게도 고민이 있을 수밖에 없는데, 아이폰에 대한 고객의 충성도를 언제까지 유지할 수 있을까라는 문제다. 2019년도부터 애플서비스 생태계를 출범시키는 경영전략 변화에도 아이폰 유저들의 로열티 하락 추세가 하나의 영향일 수도 있다고 보인다. 아래의 인포그래픽에서 보이듯이 아이폰 유저들의 충성도가 점차 하락하고 있다.

애플이 2020년에 저가형의 아이폰 SE(iPhone SE)를 출시한 이유는 무엇일까? 싱글카메라를 달았지만 아이폰XR과 같이 인공지능(AI)을 통한 인물 모드 적용이 가능하며, 출고가는 399달러~549달러로 책정됐다. 과거 아이폰8 64GB가 699달러로 출시되었음을 고려한다면 아이폰 SE는 착한 가격이다. 2세대 아이폰SE의 글로벌 판매량이

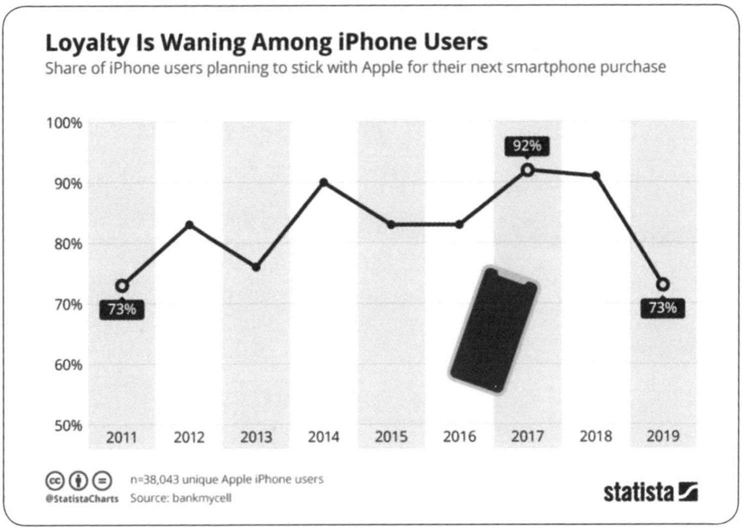
Loyalty Is Waning Among iPhone Users
Share of iPhone users planning to stick with Apple for their next smartphone purchase
100%
90%
80%
70%
60%
50%
92%
73%
73%
2011
2012
2013
2014
2015
2016
2017
2018
2019
@StatistaCharts
n=38,043 unique Apple iPhone users
Source: bankmycell
statista

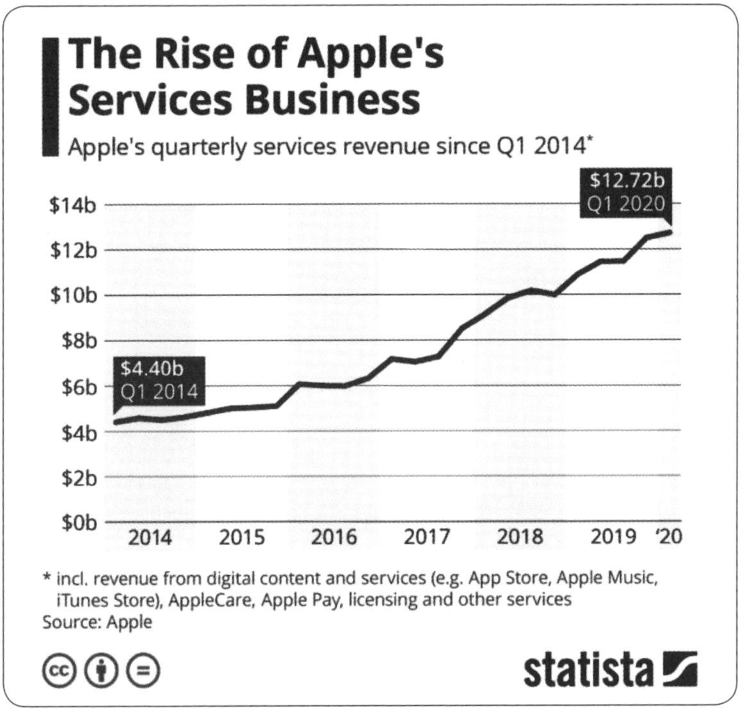
The Rise of Apple's Services Business
Apple's quarterly services revenue since Q1 2014*
$12.72b
Q1 2020
$4.40b
Q1 2014
$14b
$12b
$10b
$8b
$6b
$4b
$2b
$0b
2014
2015
2016
2017
2018
2019
'20
* incl. revenue from digital content and services (e.g. App Store, Apple Music, iTunes Store), AppleCare, Apple Pay, licensing and other services
Source: Apple
statista

2~3천만대 정도 될 것으로 추정된다. 아이폰 SE의 고객은 다양한 제품, 서비스 및 액세서리로 구성된 Apple의 생태계를 이용할 수 있다. 유저들을 애플의 구독경제 생태계로 유혹한다. 서드파티 앱 및 AR 경험을 비롯해 App Store에서 제공하는 약 2백만 앱들을 활용할 수 있다. Apple News, Apple TV+, Apple Music, Apple Pay, iCloud 등을 이용할 수 있도록 하였다. 바로 애플 생태계로의 신규 유저들을 초청하는 것이다. 물론 이것은 애플이 서비스 분야로 확장하면서 유저층을 두텁게 하기 위한 경영전략이다. 위의 인포그래픽에서 보이듯이 애플의 서비스 부문의 성장세가 그것을 증명한다.

애플과 디즈니가 만날까?

디바이스의 제국 애플이 서비스 부문으로도 눈길을 돌려 유기적 성장을 모색한 것은 '애플은 고객에게 어떤 가치를 줄 것인가?'라는 질문에 대한 응답이었다. 그런데 애플은 내부의 자원과 역량만으로 서비스 부문으로의 확장이 가능할까? OTT 플랫폼으로 가는 길, D-P-C로의 수직적 결합이 만족할만한 성과를 낼 수 있을까? 본서의 3장에서 콘텐츠 트랩에 대해 다루었는데, 바라트 아난드 교수의 언급대로 콘텐츠는 묘한 것이다. 콘텐츠는 살아있는 생명체들의 밈(meme), 즉 문화적 DNA가 기저에 깔린 미메시스를 추구하는 것이기 때문이다. 밈은 진화생물학자 리처드 도킨스가 1976년에 출간한 그의 저서 『이기적 유전자』에서 문화의 진화를 설명할 때 주조한 용어다. 밈(Meme)은 한 사람이나 집단에게서 다른 지성으로 생각 혹은 믿음이 전달될 때 전달되는 모방 가능한 사회적 단위를 총칭한다. 콘텐츠(C)는 디바이스(하드웨어+소프트웨어)로는 커버할 수 없는 미메시스의 외적 현현이기 때문이리라. 지금까지 애플은 자신의 미학적 가치를 커버할만한 M&A 대상이 없었기에 유기적(organic) 성장을 추구했다고 보이는데, D에서 P-C로 가는 성장에는 아마도 필연적으로 비유기적 성장을 모색하지 않을까? 과연 이 지점에서 애플과 월트디즈니컴퍼니가 만날까? 흥미진진하다!

amazon

▶▶ 아마존닷컴 밀림의 생태계

05

제프 베조스와 이커머스의 탄생

2018년 3월 15일 월스트리트저널(The Wall Street Journal)이 아마존닷컴에 대한 분석 기사를 냈다. 아마존닷컴의 성장사를 일목요연하게 담았다. 제목은 '아마존: 차고(창고)에서 시작하여 글로벌 자이언트로(Amazon: From Garage to Global Giant)'이다. 주로 아마존닷컴의 유기적 성장(organic growth)과 비유기적 성장(inorganic growth)을 일목요연하게 보여주고 있다. 비유기적 성장은 M&A를 통한 성장이라는 의미다. 아마존닷컴의 성장사는 M&A의 역사이기도 하다. 이 M&A의 역사를 보면 아마존이 어떤 식으로 사업을 확장해 왔는지 알 수 있다.

글로벌 IT거인들이 M&A하는 이유는 1) 조기 시장 선점, 경쟁우위 확보를 통해 핵심 사업을 강화하기 위해, 2) 거점 확보를 위한 핵심 플랫폼 선점, 3) 기술 융합을 목적으로. 예를 들면, 에코(ECO)

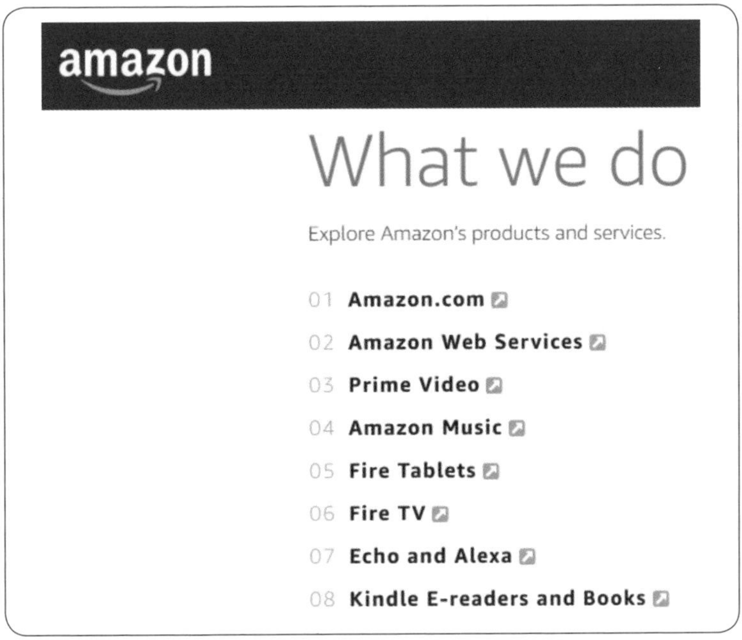

= 알렉사(Alexa) + YAP(음성인식)+ EVi(문맥 파악)+ Ivona(TTS). 에코는 이들 기술 융합의 생산제품이다. 3) 자사 경쟁력에 도움이 되는 인재와 기술 확보를 위한 목적으로 M&A한다. 비유기적 성장(inorganic growth)도 추구하는 것이다. 연도별로 아마존닷컴이 어떠한 사업영역의 기업을 인수했는지를 살펴보면, 지금의 아마존닷컴이 어떠한 일을 하고 있는지, 그리고 앞으로 또 어떤 사업을 할 수 있는지 쉽게 파악할 수 있다. 하나의 기업이 탄생해서 이렇게 시가총액 1,000조원이 넘는 회사로 성장하는 것은 쉽지 않다. 기적이다. 무에서 유를 이룬 그 기적의 이면에는 창업자의 앙트레프레너십(entrepreneurship), 즉 기업가정신이 묻어있기 마련이다.

아마존닷컴의 홈페이지에는 회사의 비즈니스 분야에 대한 설명이 있다.(What we do) 아마존닷컴의 제품과 서비스에 대한 설명이다. 크게 8개 분야로 1) 이커머스로 Amazon.com, 2) 클라우드 서비스로 AWS(Amazon Web Services), 3) OTT인 Prime Video. 4) 아마존 뮤직, 5) 제품들로 파이어 태블릿, 파이어TV, 에코와 알렉사(Echo and Alexa), 킨들(Kindle E-readers and Books) 등이다.

아마존프라임비디오

이커머스로 출범한 아마존닷컴은 이미 넷플릭스의 대항마로서 '아마존프라임비디오'를 경영 중이다. 2006년 설립하여 동영상 스트리밍을 서비스하고 있다. 원래 아마존닷컴은 동영상 스트리밍 서비스를 오래 전부터 실시해 왔으나 어디까지나 아마존닷컴 쇼핑몰 내에서 부가적으로 이뤄져 왔었다. 이 동영상 서비스를 별도로 분리해 웹사이트를 만들었고 별도의 요금제까지 만든 것이 '아마존프라임비디오'다. 2016년부터 글로벌 서비스를 하고 있다. 아마존닷컴은 클라우딩 서비스 분야에서도 1위의 강자이고, 스트리밍 게임 회사인 트위치까지 인수하였다. 아마존 프라임 비디오를 이용하면 트위치 프라임을 준다. 프라임은 아마존닷컴의 유료회원제 서비스로 연회비가 99달러인 프라임 서비스에 가입하면, 무료배송, 무제한 OTT 시청, 음악 스트리밍, 사진저장 등을 이용할 수 있다.

여기에서 미국의 OTT 플랫폼 시장 현황을 살펴보자. 2016년 기준으로, 브로드밴드 가구 중 60%가 OTT를 구독한다. 각 OTT별로 구독자 점유율은 넷플릭스 50%, 아마존 프라임 25%, 훌루 13%로 1강2중의 경쟁 구도라고 볼 수 있다. (그런데 흥미로운 점은 이들 가입자의 40%가 2개 이상 서비스를 중복 구독하고 있다는 통계다. 중복 가입 이유는 OTT 플랫폼 별로 오리지널 콘텐츠에 끌려서이다. OTT 플랫폼들이 오리지널 제작에 막대한 투자를 하는 이유다.) 여기에 월트디즈니컴퍼니가 훌루를 인수하고 디즈니+를 론칭시켰다. 여기에 디바이스 강자 애플이 애플TV+에 애플뉴스+, 애플아케이드, 애플카드를 번들로 하여 2019년에 론칭했다. IT거인들의 OTT 플랫폼 대전쟁이 시작된 것이다.

아마존닷컴은 프라임 서비스의 차별화를 위해 2012년부터 '아마존 스튜디오'를 출범하고 오리지널 영화·드라마도 제작을 하고 있는데, 2017년 〈맨체스터 바이 더 씨〉와 〈세일즈맨〉이 아카데미 시상식에서는 각각 각본상과 남우주연상, 외국어영화상 등을 수상했다.

아마존, 넷플릭스와 같은 OTT 플랫폼이 권위 있는 영화제에서 수상을 한다는 것은 작품성 높은 콘텐츠를 제작한다는 의미다.

OTT 플랫폼이 오리지널 제작에 투자하는 이유는 다음과 같다.

1) 무엇보다도 독점 콘텐츠 제공을 통한 차별화다. 이는 스필오버 효과를 유발한다. 독점 콘텐츠를 통한 집객 효과다. 다른 프로그램에 대한 선호도를 상승시킨다. 이를 통해 서비스 경쟁력 및 내부비용 절감할 수 있다.

2) 콘텐츠 수급 협상력 강화다. 외부에서 콘텐츠를 수급해야하는 사업구조는 콘텐츠 가격 인상에 대비할 수 없다는 단점이 있다. 넷플릭스는 과거 타 기업과 콘텐츠 구매 재계약 시 10배 가격 인상을 경험 후 오리지널 제작에 나섰다. M&A 식탐가인 밥 아이거가 CEO로 있는 월트디즈니컴퍼니가 독자적 OTT 플랫폼을 출범시키려는 경영전략 하에 넷플릭스에 제공하는 콘텐츠의 계약연장을 거부했을 경우에 넷플릭스는 어떻게 해야 할까? 사실 이런 일은 실제로 발생했고 갑작스러운 일도 아니고 양자가 충분히 예상한 사건이다. 예고된 전쟁(The destined war)인 것이다. 그래서 넷플릭스는 캐시 번 아웃을 불사하고 오리지널 제작에 나서는 것이다. 아마존프라임비디오도 마찬가지다.

3) 글로벌 지속성장을 위해서다. 외부에서 조달한 콘텐츠는 저

작권 등의 문제로 지역 확장에 어려운 점이 많다. 자체 제작한 오리지널 콘텐츠로 글로벌 확장을 추진하면 이는 가입자 증가로 이어지고 매출이 증가하여 콘텐츠 투자가 더욱 늘어나고 결국 콘텐츠의 퀄리티가 향상되어 가입자가 더욱 확대되는 선순환 구조로 이어질 수 있다.

4) 다른 비즈니스 부문에 대한 보완재로서의 역할 증대라는 점이다. 아마존프라임서비스의 VOD 무료 제공은 프라임 재계약률 92%를 자랑하는 원천이다. 콘텐츠 서비스를 통해 온라인쇼핑 고객들의 충성도(loyalty)를 지속적으로 유지할 수 있다. 파레토법칙에 충실한 대응책이다. 단골20%가 매출 80%를 창출한다는 이론이다. 오프라인 백화점에서 문화센터를 운영하는 이유와 같다. 물론 그렇다고 해서 아마존닷컴이 크리스 앤더슨의 『롱테일 경제학(THE LONG TAIL)』에서 언급 되는 롱테일을 놓치는 것도 아니다.

아마존닷컴의 풀필먼트, FBA(Fulfillment by Amazon)

풀필먼트(fulfillment)는 물류처리과정으로 번역할 수 있는데, 아마존닷컴이 2006년부터 시작한 풀필먼트는 물류유통업계의 뉴노멀을 선도한다. FBA(Fulfillment by Amazon)는 소기업이 아마존닷컴의 주문처리센터에 제품을 보관하고 아마존닷컴이 제품을 선택, 포장, 배송, 고객서비스를 제공하여 기업이 더 많은 고객에게 판매할 수 있도록 돕는 시스템이다. 집하 및 허브-서브 터미널 간선 운반 과정이 생략

되므로 주문이 들어오자마자 발송이 가능한 물류시스템이다. 판매자는 아마존닷컴의 물류센터에 제품을 공급하고 15% 수수료를 내면 보관 및 출하, 결제, 고객서비스 등 이커머스를 위탁할 수 있다. 상품의 소유권은 판매자에게 있는 채로 상품의 보관·운송·CS를 대행해주는 서비스 수수료만 부과한다. 소비자들은 플랫폼 아마존을 더 신뢰하기에 아마존 마켓플레이스에 참여한 판매자들은 글로벌 소비자들에게 쉽게 접근할 수 있다. FBA는 다음의 과정으로 진행된다. 물류센터에 상품도착 → 적재 → 주문 상품 선택 → 품질 보증 → 제품 포장 → 발송의 단계로 진행된다. 각 단계별 업무내용은 아래의 인포그래픽과 표와 같다.

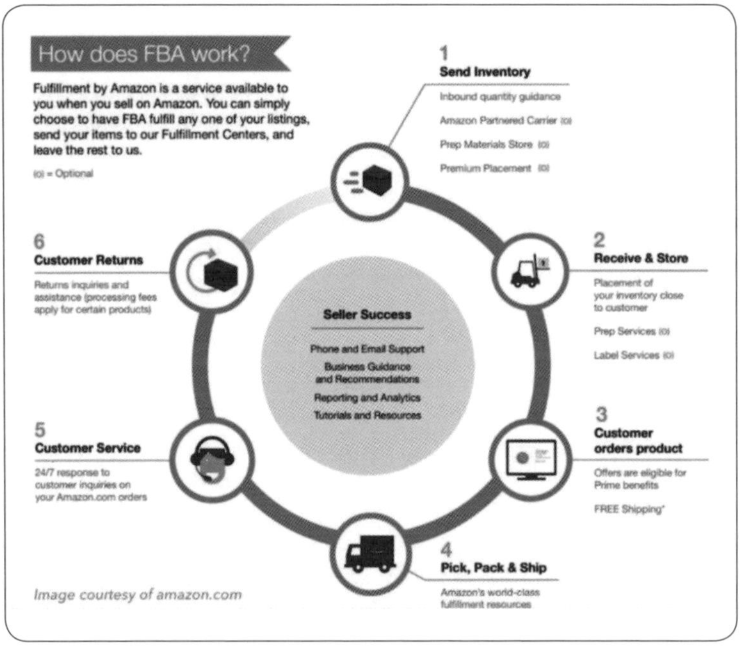

Image courtesy of amazon.com

단계	업무내용
1. 물류센터에 상품도착	- 아마존 시설에서 오는 상품과 FBA로 벤더로부터 바로 오는 상품으로 분리되어 도착. - 트레일러 상품이 팔레트(pallets)로 운반됨.
2. 적재 과정	- 아마존 물류센터는 모든 재고를 무작위로 적재. - 무작위로 상품을 담은 노란색 상자는 층층이 쌓여지는데 모든 상품은 컴퓨터로 이동과정이 추적됨. - 로봇은 팟(pod)이라고 불리는 노란 상자들을 제품 사이즈에 따라 적재소의 직원에게 전달.(*로봇은 바닥의 2D 바코드 탐색을 통해 더 긴급한 업무에 따라 길을 양보하고 이동함.)
3. 주문 상품 선택	- 주문이 들어오면 로봇이 픽스테이션(pick station)에서 일하는 픽커(picker)들에게 상품이 가득 찬 팟을 가져옴. (*픽커는 수백 가지 제품에서 고객이 주문한 물품을 골라 고객의 주문을 이행하는 역할을 하는 직원을 말함.) - 픽커는 컴퓨터 화면을 읽고 팟에서 정확한 상품을 꺼내어 토트(tote)라고 불리는 노란색 플라스틱 상자에 옮겨 담음.
4. 재고관리 및 품질보증	- 제품의 실제 위치가 컴퓨터 시스템상의 위치와 일치하는지 수백만 개의 재고를 확인하는 작업을 수행.
5. 제품 포장	- 별도의 소포로 배송되는 제품들을 구분, 정확성 검사 실시. - 포장대에서는 컴퓨터 시스템이 포장 직원에게 적합한 박스 크기를 알려주고 필요한 테이프의 양을 정확히 알려줌. - 벤더와 협력으로 원래 상자 그대로 배송되기도 함.
6. 발송	- 발송 준비가 완료되면 소포는 배송 방법, 배송 속도, 위치에 따라 컨베이어 벨트 위에서 정확한 트레일러 안으로 옮겨짐. - 포장된 봉투와 상자는 SLAM(Scan, Label, Apply, Manifest) 기계로 선적 레이블이 부착됨. - 발송 분류기는 소포의 레이블을 읽고 어느 곳으로 얼마나 빠르게 보내져야 하는지 결정하고 교통정리하는 역할을 함.

규모의 경제가 실현되고 있다. 아마존닷컴과 같이 규모의 경제를 낼 수 있는 업체가 마켓메이커로서 시장을 선도한다. 아마존닷컴은 글로벌하게 FBA(Fulfillment by Amazon) 투자를 확대하고 있다. 아래의 인포그래픽은 이베스트투자증권 오린아 애널리스트의 『산업분석 유통』 보고서(2019.11.18.)에서 인용한 것인데, 아마존닷컴의 미국과 해외에서의 플필먼트센터 면적의 확대 추이를 나타낸 것이다. 아마존

닷컴의 규모의 경제 실현을 위한 캐시 번아웃(Cash Burnout) 전략이 엿보인다. (그럼에도 불구하고 아마존닷컴의 4Q 2019년의 현금 및 현금성 자산은 $55.3b에 달한다.)

아마존 풀필먼트 센터 면적 추이

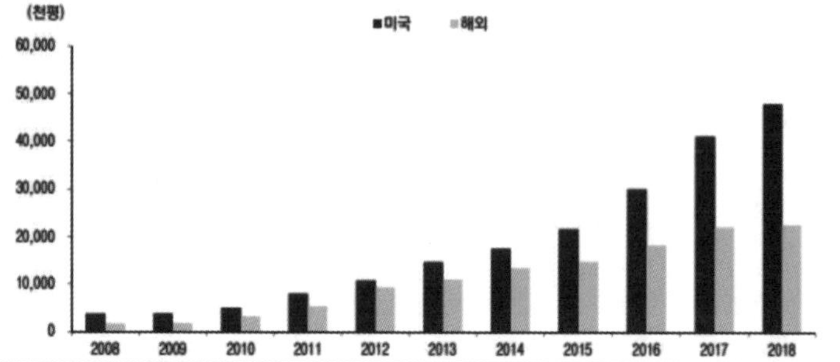

자료: Amazon 10-K, 이베스트투자증권 리서치센터
주: Fulfillment, Data Centers, and other based

클라우드 서비스 - AWS

AWS(Amazon Web Services)의 클라우딩 서비스는 폭발적인 성장을 해오고 있다. 아마존닷컴은 북미 지역의 온라인쇼핑몰이기 때문에 블랙프라이데이, 크리스마스 등 쇼핑시즌에 연간 매출의 대부분이 결정되는 계절성이 존재한다. 아마존닷컴은 이 시기에 트래픽이 발생하지 않도록 막대한 투자를 하여 서버를 늘려놓았다. 그러나 쇼핑시즌이 아닌 시기에는 이를 대여하기 시작했고, 오늘날의 클라우드 서비스로 발전하게 되었다.

아마존닷컴이라고 하면 온라인쇼핑 회사로 사람들은 생각하는데, 아마존의 가장 수익성이 좋은 부문(most profitable operating segment)은 사실 온라인 쇼핑이 아니라 클라우딩 서비스 부문이다. 2019년 1~3분기의 경우 아마존 매출의 13%, 영업이익의 62%가 클라우딩 서비

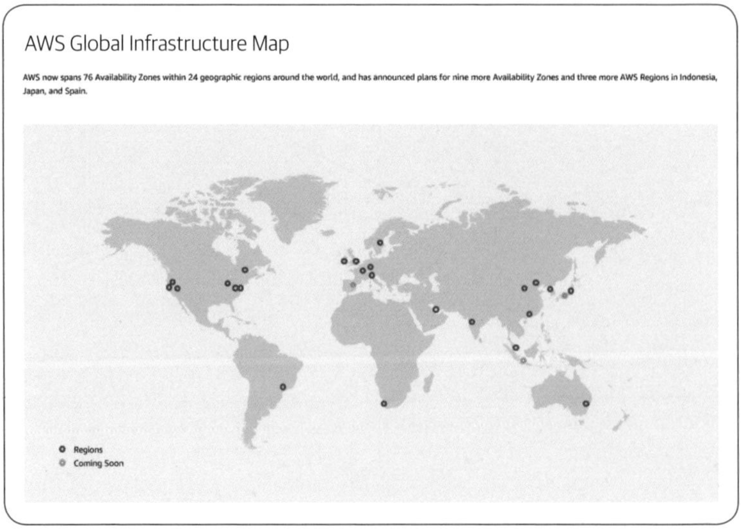

스 부문에서 발생했다. 아래 스타티스타의 인포그래픽에서 볼 수 있듯이 클라우딩 서비스 부문은 2014년 부터 2019년까지 6년간 거의 9배 성장했다. 아마존의 핵심 사업 부문임에도 불구하고 마진이 적은 이커머스 부문에서는 벌기 어려운 엄청난 수익을 클라우딩 서비스 부문에서 올렸다. 아마존닷컴의 황금알을 낳는 거위다.

2019년을 기준으로 전 세계 클라우드 시장 규모는 약 $100b(약 120조 원) 정도로 추정되는데, 시장 점유율에서 아마존의 AWS가 33%로 1위를 차지하고 있다. OTT 플랫폼 넷플릭스도 아마존닷컴의 AWS 클라우드를 사용한다는 점이 매우 흥미롭다. 그 뒤로 신규로 이 시장에 뛰어든 마이크로소프트의 애저(azure)가 18%로 2위다. 마이크로소프트는 클라우드 서비스 시장에서 성장 동력을 찾아서

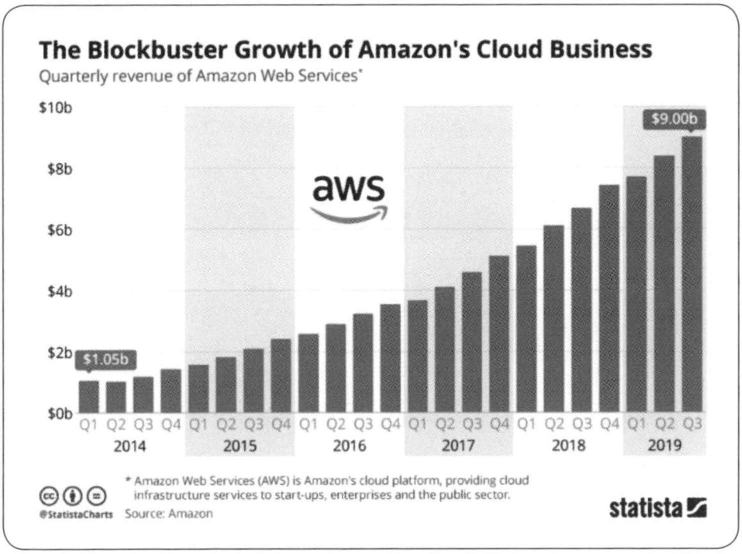
The Blockbuster Growth of Amazon's Cloud Business
Quarterly revenue of Amazon Web Services*
$10b
$8b
$6b
$4b
$2b
$0b
$1.05b
$9.00b
aws
Q1 Q2 Q3 Q4 Q1 Q2 Q3 Q4 Q1 Q2 Q3 Q4 Q1 Q2 Q3 Q4 Q1 Q2 Q3 Q4 Q1 Q2 Q3
2014
2015
2016
2017
2018
2019
* Amazon Web Services (AWS) is Amazon's cloud platform, providing cloud infrastructure services to start-ups, enterprises and the public sector.
@StatistaCharts
Source: Amazon
statista

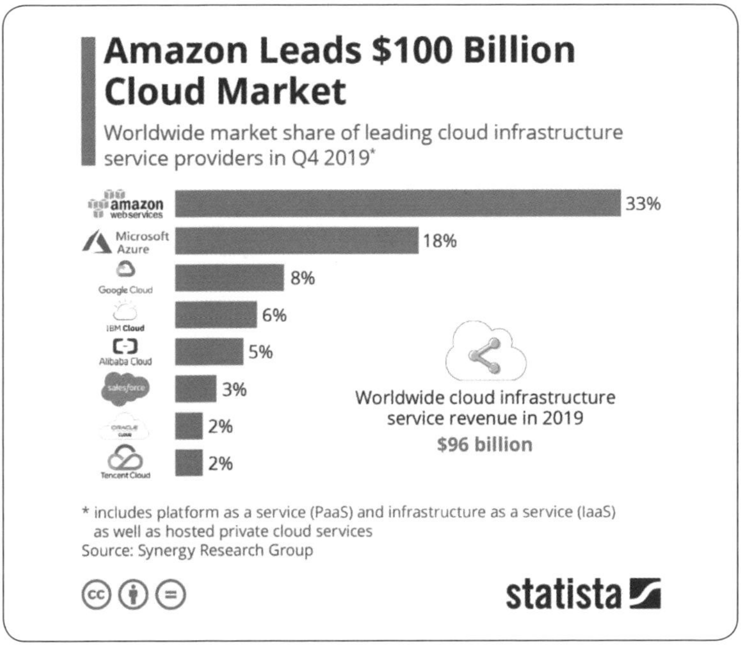
Amazon Leads $100 Billion Cloud Market
Worldwide market share of leading cloud infrastructure service providers in Q4 2019*
amazon web services
33%
Microsoft Azure
18%
Google Cloud
8%
IBM Cloud
6%
Alibaba Cloud
5%
salesforce
3%
2%
Tencent Cloud
2%
Worldwide cloud infrastructure service revenue in 2019
$96 billion
* includes platform as a service (PaaS) and infrastructure as a service (IaaS) as well as hosted private cloud services
Source: Synergy Research Group
statista

시가총액 1,000조 원을 돌파하였다. 시장에서 호평하고 있는 것이다. 다음으로 구글 클라우드(8%)다. 구글이 인공지능(AI) 알고리즘 개발 프로그램인 '텐서플로'를 오픈소스로 공개한 것은 클라우드 서비스를 강화하기 위해 텐서플로를 보완재로 연결한 이유이다. 다음으로 IBM클라우드(6%), 알리바바 클라우드(5%) 등의 순이다. 시간이 갈수록 클라우드 시장의 경쟁도 격화되고 있다.

리얼타임 게임 스트리밍, 트위치를 인수하다

필자가 OTT 플랫폼에 대해 이야기하면서 제일 관심 있게 살펴보고 있는 영역이 바로 리얼타임 동영상 스트리밍 플랫폼이다. 소셜 미디어도 바로 이 지점으로 이 방향으로 가기 때문이다. 사실 페이스북이 바쁜 이유가 여기에 있다. 텍스트와 사진이 내용이 되는 소셜 미디어는 미래가 밝다고 볼 수 없다. 올만큼 온 것이다.

그럼 다음은 뭔가? 바로 리얼타임 동영상 스트리밍 소셜 미디어다. 이 영역은 우선 게임 스트리밍에서 시작되어 리얼타임 동영상 스트리밍 소셜 미디어로 넘어갈 것이다. 아마존닷컴이 트위치(twitch)를 인수하고, 구글이 스타디아를 유기적 성장 방식으로 론칭하고, 애플이 애플아케이드를 론칭하고, 마이크로소프트도 엑스클라우드에 레이블들을 담고, 페이스북이 가상현실(VR), 게임, 음악 분야에서 검증된 잠재력을 가진 비트게임즈(Beat Games)를 인수하고, 스페인의 클라우드 비디오게임 업체 플레이기가(PlayGiga)를 7천만 유로(약 908억 원)에 인수해나가는 것은 부지런히 플랫폼으로 가기 위한 재빠른 몸놀림이다. 아마도 페이스북은 리얼타임 동영상 스트리밍 그 다음의 버전인 가상현실(VR) 소셜 미디어로 프로깅하려는 목표가 있을 것이다. 물론 필자가 보기에 그렇다는 것이다. 미국 1위 이동통신사 버라이즌 또한 '버라이즌 게이밍'이라는 클라우드 기반의 게이밍 서비스를 개발하고 있다.

트위치는 스트리밍 플랫폼이다. 아래의 인포그래픽에서 볼 수 있듯이, 2019년 스폰서(후원) 사이트인 StreamElements에 따르면, 압도적인 1위인 트위치는 전년 대비 20% 성장한 93억 뷰를 기록했다. 2위인 유튜브는 전년 대비 16% 성장한 27억 뷰를 기록했다. 3위인 페이스북 게이밍은 전년 대비 210% 성장한 3억 5,600만 뷰를 기록했다. 4위 믹서(Mixer)는 전년 대비 149% 성장한 3억 5,400만 뷰라는 결과가 나왔다. 페이스북 게이밍과 믹서의 성장세가 가파르다.

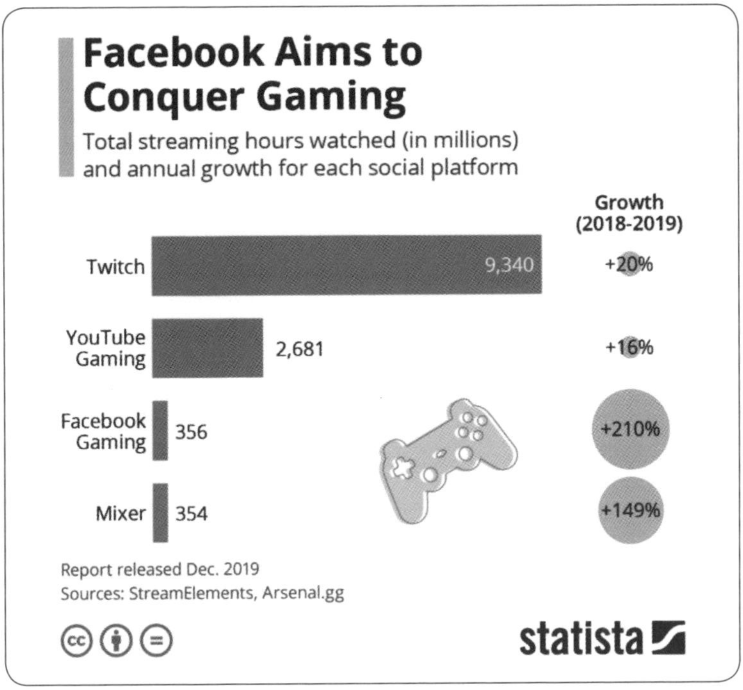

트위치의 전신은 저스틴TV(Justin.tv)로 2007년 경, 저스틴 칸을 비롯한 여러 개발자에 의해 개발된 인터넷 방송 플랫폼이었다. 이후 2011년 6월 6일 Justin.tv는 게임 카테고리 방송을 Twitch.tv라는 이름으로 따로 분할하여 서비스를 하기 시작했다. 2014년, 트위치가 미국에서 가장 트래픽이 많은 사이트 4위에 선정되자, 모회사는 트위치의 영향력이 Justin.tv의 영향력을 넘어섰다고 판단하여 회사명을 Justin.tv Interactive에서 Twitch.tv Interactive로 변경하였고, 2014년 8월 5일 Justin.tv는 운영을 중단하였다.

2014년 7월 25일 구글이 트위치를 10억 달러에 인수하려고 논의 중이라는 기사가 나왔었다. 그러나 포브스에 의하면 반독점 이슈 때문에 구글이 트위치를 인수하지 않았다고 한다. 대신 구글은 2015년 6월 자체적인 게이밍 채널 플랫폼인 유튜브 게이밍을 출범했다.

2014년 9월 25일 아마존닷컴이 트위치를 9억7천만 달러에 인수하였다. 아마존닷컴에 인수된 후 비디오 게임뿐만 아니라 다른 분야로 스트리밍 영역을 넓히기 시작하였다. 2016년 6월 Social Eating 카테고리를 신설하고, 12월에는 IRL 카테고리를 추가하였다. 모바일 방송(채팅기능 유료, 고화질 전용앱) 송출, 동영상 시청도 가능해졌다. 2018년 9월27일 IRL과 크리에이티브, 2개의 대분류로 구분되었던 비 게임 방송 분류가 여러 가지 카테고리로 개편 재정렬되었다. 미국 정치인 버니 샌더스와 도널드 트럼프는 트위치로도 스트리밍한다. 기업 채널로는 Apple 등이 있고, 스포츠 채널 중 NFL과 NBA의 경우 하이라이트 클립 등을 제공하고 있다. 각종 외국 프로게임단·프로게이머와 협약을 맺고 있다. 대표적으로 CLG, TSM, C9 등 인기팀의 프로게이머들이 트위치에서 방송하고 있다. 한국 프로게임단으로는 Gen.G Esports와 SKT T1, 진에어 그린윙스가 있다. e스포츠 관련 방송은 계약을 하지 않았거나, 타 플랫폼 독점 계약된 것이 아니라면 거의 모두 방송된다. 세계적으로는 트위치콘을 열어 다양한 오프라인 행사를 하고 있다. 국가별 비율은 미국 23.53%, 독일 6.93%, 한국 6.11%, 러시아 5.79%, 프랑스 3.94% 순위이다.

스트리머(Streamer)는 인터넷에서 음성 파일이나 동영상 파일 등을 실시간으로 다운받아 재생하는 기법을 의미하는 스트리밍(streaming)의 원형인 stream에 행위자를 뜻하는 접미사 -er을 붙인 단어로 대개 유튜브, 트위치, 아프리카TV, 카카오TV 같은 곳에서 인터넷 방송을 하는 사람을 뜻한다. 플랫폼에 따라 그냥 브로드캐스터(Broadcaster), 크리에이터(Creator), 라이브 스트리머(Live Streamer)등으로 불린다. 각 플랫폼마다 방송인을 뜻하는 단어가 제각각인데 아프리카TV는 BJ, 카카오TV는 PD(Play Director), 유튜브는 크리에이터(Creator) 혹은 유튜버(YouTuber), 트위치는 스트리머(Streamer)로 주로 쓰인다. 웬만한 유명 스트리머들은 다 전문 직업인이다.

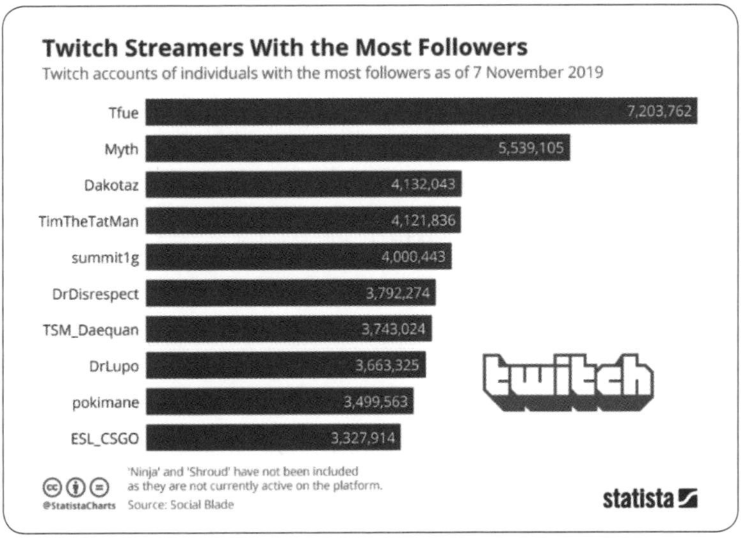

제프 베조스와 일론 머스크의 우주 플랫폼 전쟁

여기에서 잠깐 흥미로운 이야기 하나 소개하자. 제프 베조스(Jeff Bezos)와 일론 머스크(Elon Musk)의 우주 플랫폼 전쟁이다. 제프 베조스와 일론 머스크의 라이벌 의식은 대단하다. BBC 인터뷰 대담에서 일론 머스크에게 질문한다. "당신은 대단히 경쟁심이 강한 사람인데, 제프 베조스 같은 사람하고 경쟁하고 있는~" (질문 중간에 말을 끊고 일론 머스크는 어깨를 들썩이고 고개를 꺄웃하며 약간 비웃는 말투로 말한다.) "제프 누구요?"(Jeff who?) 그리고 2019년 4월 9일 아마존닷컴이 3천 개 이상의 인터넷 위성 발사 계획을 발표하자, 일론 머스크가 제프 베조스에게 "카피 캣"이라고 비판하는 트윗을 날린다. 이 둘의 라이벌 의식은 우주 플랫폼 전쟁에서 시작되었다. 일론 머스크의 SpaceX와 제프 베조스의 Blue Origin의 경쟁이다. NASA와 얽힌 이야기는 생략하고 로켓 발사 이야기로 돌아가보자. 이 둘의 우주 플랫폼 전쟁은 필자

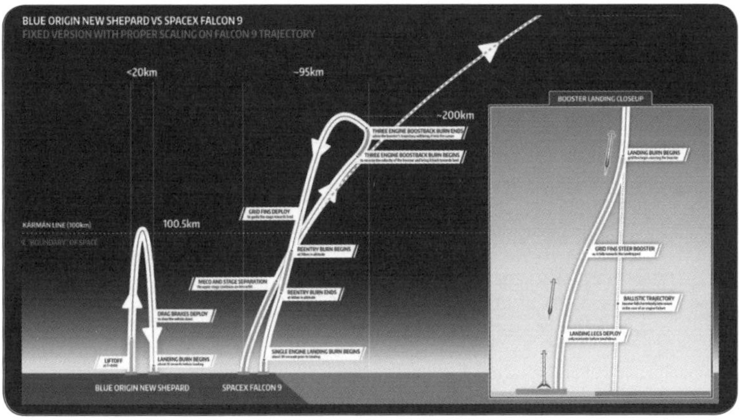

가 보기에 일단 일론 머스크의 승리다.

이미 발사 로켓을 회수해서 재활용하는 실험은 둘 다 성공했다. 발사 로켓을 발사지에 그대로 역추진으로 착륙시킨다는 것. 대단하다! 인공위성의 착륙이 아니라 발사 로켓의 착륙이다. 그런데 위 그림에서 볼 수 있듯이 블루 오리진은 준궤도(space boundary)에까지 올린 것인데 비해 스페이스X는 2015년 12월 팰컨9 로켓으로 인공위성을 궤도 진입시킨 뒤 추진체 로켓을 그대로 회수하는 데 성공하였다. 스페이스X는 팰컨9을 궤도(orbit)에까지 올리고 빙 돌아서(flip around) 착륙시킨 것이다. 2016년 4월 팰컨9 로켓의 해상 회수에도 성공하였다. 해상 회수는 바다에 바지선을 띄우고 여기에 착륙시켜 회수하는 것이다. 이 경우 역회전하여 원거리의 발사장으로 착륙시키는 것보다 그대로 착륙시켜 연료비가 대폭 절감된다. 통신위성 60기를 궤도에 올릴 수 있는 팰컨9 로켓의 1회 발사 비용은 약 600억 원 정도로 한국의 누리호 개발비인 1조9752억 원의 33분의 1에 불과하다. 대단한 가성비다.

그래서 스타링크(Starlink) 프로젝트가 환상이 아니라 실현 가능하다는 것이 입증된 것이다. 스타링크(Starlink) 프로젝트는 일론 머스크가 인공위성 12만개를 올려서 지구를 감싸는 우주 플랫폼 인프라를 깔겠다는 계획, 즉 전 세계를 위성 인터넷망으로 구축한다는 프로젝트다. 스타링크 프로젝트는 2020년대 중반까지 1만2천여 개의 통신위성을 발사해 전 세계에 통신 속도 1Gbps의 초고속인터넷을 보급하겠다는 계획이다. 우리는 지금 플랫폼 아이디어가 우주로까지 확장되고 있는 디지털 우주플랫폼 시대에 살고 있는 것이다.

스페이스X는 유인 우주선을 처음으로 발사하며 민간 우주탐사 시대의 개막을 알렸다. 2020년 5월 30일 테슬라의 일론 머스크가 설립한 스페이스X는 플로리다 주 케이프 커내버럴의 케네디 우주센터에서 유인 우주선 '크루 드래건'을 발사했다. 미국 항공우주국(NASA) 소속 우주비행사 2명을 태운 미국의 첫 민간 유인우주선이다. 발사 19시간 만에 국제우주정거장(ISS)에 도킹했다. 이제 우주선 발사도 민간에 아웃소싱하는 시대가 된 것이다. 이번 크루 드래건의 임무가 성공적으로 완수된다면 스페이스X는 우주정거장으로 우주선을 6차례 운항할 예정이다. 이 프로젝트에 나사와 스페이스X는 26억 달러의 계약을 맺었다.

2020년 5월 30일 '크루 드래건' 발사 후에 팰컨9 로켓을 해상 회수하는 장면.(NASA TV)

아마존닷컴 밀림의 생태계 - P4C를 구축하다

아마존닷컴의 성장세가 가파르다. CEO 제프 베조스(Jeff Bezos)는 로켓 발사 회사인 '블루 오리진(Blue Origin)'까지 창업했다. 이 분야에서 일론 머스크의 '스페이스X'와도 경쟁하는 구도다. 상업용 발사 로켓을 재활용하기 위해 발사 지점에 발사 당시 모양 그대로 착륙시키는 경쟁으로 둘이 서로 입씨름하고 서로 무시하는 관계다. (하지만 필자가 보니 일론 머스크의 스페이스X가 승리!) 가히 아마존닷컴 밀림의 생태계를 우주 공간으로까지 확장시키고 있다. 이 생태계에서 OTT 플랫폼은 어떤 역할을 하는가? 도대체 아마존닷컴의 업(業)의 정의는 어떻게 되는가? 아마존닷컴의 업(業)을 어떻게 재정의(redefine)해 볼 것인가? 오히려 업의 정의라는 주제 자체가 변화무상한 모멘트를 붙잡고 고정시키려는 한계에 머무르지는 않을까? 아마존닷컴은 이 밀림을 연결해내는 핵심역량을 클라우드(Cloud) 서비스에서 찾았고 기존의 3C(Community, Commerce, Content)를 통합해내는 플랫폼을 창조해냈다. 굳이 용어를 만든다면 P4C라고 할 수 있을까? P4C(Platform, Community, Commerce, Content, Cloud). 고객과 제품과 기능을 연결하는 P4C. 이 P4C 비즈 모델은 네잎 클로버 혹은 피라미드형으로 도형화해볼 수 있을 것이다. 디지털 트랜스포메이션의 지향점이라고 필자는 생각한다. 시론적인 이 P4C 비즈 모델에 대해서는 다음 장에서 구글을 다루면서 거론하고, 또 [보론]에서도 검토해볼까 한다.

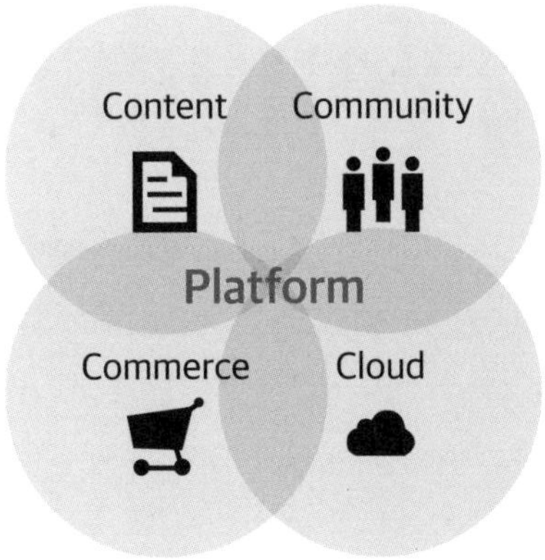

Google

YouTube

06

▶▶ 유튜버, "나도 미디어다!"

구글이 안 하는 일은 도대체 뭐야?

2015년 8월 10일에 구글은 지주회사로 전환하였다. 지주회사로 알파벳을 만들고, 자회사로 구글, 네스트랩스, X, 구글 딥마인드, 칼리코, 캐피탈G, 구글 파이버 등을 두었다. 알파벳이라는 이름은 구글만한 기업을 로마자 알파벳 A에서 Z까지 전부 채워 넣겠다는 목표를 담았다는 이야기다. 에릭 슈미트는 이사회 의장, 래리 페이지는 CEO, 세르게이 브린은 사장이 되었다. 6장에서 다루는 유튜브는 '알파벳 → 구글 → 유튜브'로 이어지는 기업 연결구조 속에 있다. 즉 유튜브는 지주회사 알파벳의 손자회사다. 순다르 피차이(Sundar Pichai)가 2015년 10월에 구글의 CEO로 선임되었다. 그리고 그는 2019년 말에 구글에 이어 알파벳 CEO도 겸하게 되었다.

이렇게 구글이 지주회사 체제로 간 이유에는 빅피처가 있다고 보인다. 구글 외에도 하고 싶은, 해야 할 사업 부문이 많아진 것이어서 효율적인 거버넌스가 필요했을 것이다. 기존에 구글의 주 비즈 부문이었던 검색, 지도, 안드로이드, 광고, 앱, 유튜브 외에도 구글 파이버(고속 인터넷 사업), 구글벤처스(벤처캐피털 사업), 구글캐피털(투자펀드), 구글X(자동주행차, 구글글래스, 풍선을 활용한 인터넷 사업), 라이프 사이언스(포도당 감지 콘텍스 렌즈), 네스트랩스(자동온조조절 장치, 가정용 카메라 등 인공지능을 활

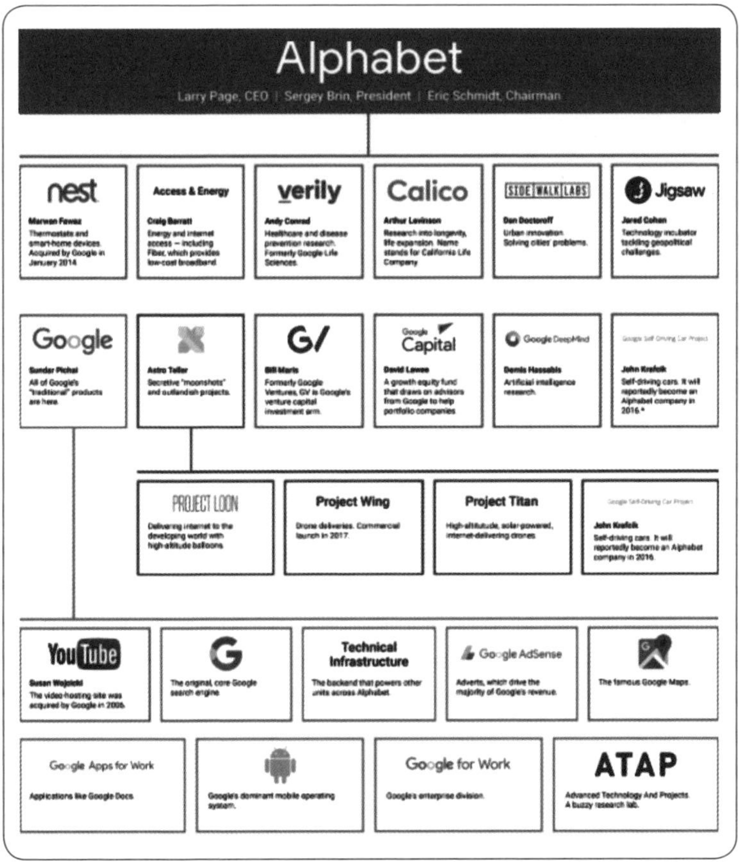

용한 사물 인터넷 기업), 칼리코(기술을 이용한 헬스케어 사업), 웨이모(자율주행), 구글딥마인드(AI), 베릴리(데이터 알고리즘으로 질병을 조기에 발견하는 디바이스 등을 개발), 스타디아(STADIA, 게임 스트리밍) 등 참으로 많다. 그만큼 신규 사업 분야가 많이 눈에 띈다는 것이리라.

신의 한 수, 유튜브를 인수하다

유튜브의 등장은 미디어 환경을 바꾸어놓았다. 이제 유저들은 수동적 수용자에서 "나도 미디어다!(I'm a Media!)"라고 외치는 콘텐츠 생산자가 되었다. 콘텐츠를 소비하면서도 생산하는 능동적 유저들의 등장이다. UX(User Experience) 즉 유저들의 경험도 달라지고 있는 것이다. 이제는 블로거의 시대도 가고 있다. 유튜버의 시대다. 혹은 일반적으로 스트리머(Streamer)의 시대다. 콘텐츠가 인터넷을 타고 흐른다(stream).

이제는 전문직업인으로서 크리에이터들도 등장했다. 청소년들에게 선망 받는 직업군이다. 구독자 수가 엄청난 성공한 인플루언서(Influencer)에게는 경제적 부도 따라온다. 예를 들어보자. 유튜버 '슈카월드'는 해박한 지식으로 경제·경영 이슈를 해설해준다. 글로벌 안목으로 세계경제의 흐름까지 커버하고, 세계사와 지정학 이슈에 대해서도 폭 넓고 깊이 있는 통찰력을 친밀감 있게 구독자들에게 서비스한다. 구독자 수가 곧 100만 명에 이를 것이다. 1인 미디어로서 어지간한 경제신문을 능가하는 영향력을 발휘하는 인플루언서다. 그리고 한국과 영국을 오가며 양국의 문화를 매개하는 유튜버 '영국남자'는 구독자수가 400만 명에 육박한다. 영어공부하기에도 좋다. 헐리웃의 신작을 홍보하러 방한하는 감독과 배우들의 필수 출연 코스다. 〈어벤져스: 인피니티 워〉에 출연한 배우들이 홍보하기 위해 유튜브 '영국남자'에 출연하기도 한다. 인플루언서 유튜버의 스토리 플랫폼만큼 홍보 효과가 만점인 곳을 놓칠 수가 없는 것이리라! 유튜브의 방탄소년단(BTS)의 페이지 BANGTANTV의 구독자 수는 3,000만 명에 육박하고 페이지뷰가 50억에 달한다. 바야흐로 이제 텍스트의 시대를 넘어 동영상의 시대가 도래한 것이다. 1인 1디바이스 스트리밍 시대의 미디어 문화의 모습이다.

2006년 구글은 유튜브를 16억5천만 달러에 인수하였다. 약 2조원 정도였다. 지금까지의 구글의 M&A에서 가장 큰 거래였다. 실리콘밸리의 차고에서 시작한 유튜브는 창업 1년 만에 실리콘밸리의 성공신화 중 하나로 기록되었다. 유튜브(YouTube)는 사용자가 동영상을 자유롭게 올리거나 볼 수 있는 콘텐츠 호스팅 웹사이트이다. 전 세계 최대 무료 동영상 공유 사이트로, 사용자가 영상을 시청·업로드·공유할 수 있다. 유튜브라는 명칭은 사용자를 가리키는 '유(you, 당신)'와 미국 영어에서 텔레비전의 별칭인 '튜브(tube)'의 합성이다. 과거

텔레비전이 브라운관(Cathode-Ray Tube, CRT)을 사용했기 때문에 텔레비전을 미국 영어에서 다른 말로 '튜브'라 부른다. 즉 유튜브라는 이름은 '당신을 위한 텔레비전', 혹은 '당신이 곧 텔레비전' 정도의 뉘앙스를 가지고 있다. 네모난 유튜브 아이콘의 끝부분은 둥글게 깎여 있고 각 변은 끝부분보다 볼록하게 나와 있는데, 옛 텔레비전에 쓰였던 브라운관의 시각적 특징을 아이콘으로 디자인한 것이다.

2005년 페이팔 직원이었던 채드 헐리, 스티브 천, 자베드 카림이 공동으로 창립했으며, 2005년 4월 23일에 최초 영상으로 'Me at the zoo'가 업로드 되면서 본격적인 서비스를 시작했다. 유튜브의 콘텐츠에는 개인이 제작한 비디오 영상을 비롯한 영화와 텔레비전 클립, 뮤직비디오 등이 올라온다. 이후 2007년 6월 20일 프랑스 파리에서 열린 '구글 프레스데이 2007'에서 글로벌 전략을 발표했다. 먼저 네덜란드, 브라질, 프랑스, 폴란드, 아일랜드, 이탈리아, 일본, 스페인, 영국 등 총 9개 국가에서 페이지를 공개했다. 한국어 서비스는 2008년 1월 23일에 시작했다. 구글 인수 4년 차인 2009년에 약 4억7천만 달러의 적자를 기록한 것으로 알려졌으나, 2010년부터 흑자로 돌아섰고, 이용자가 갈수록 더 불어나는 스노우볼 효과(snowball effect)를 내기 시작했다. 아래의 인포그래픽에서 보이듯이 유튜브와 페이스북이 미국에서 가장 많이 사용되는 플랫폼·앱이다.

유튜브는 콘텐츠 접근성이 뛰어나다. 유저 친화적이다. 유튜버는 MPEG, AVI 등 다양한 여러 파일 포맷으로 영상을 업로드할 수 있

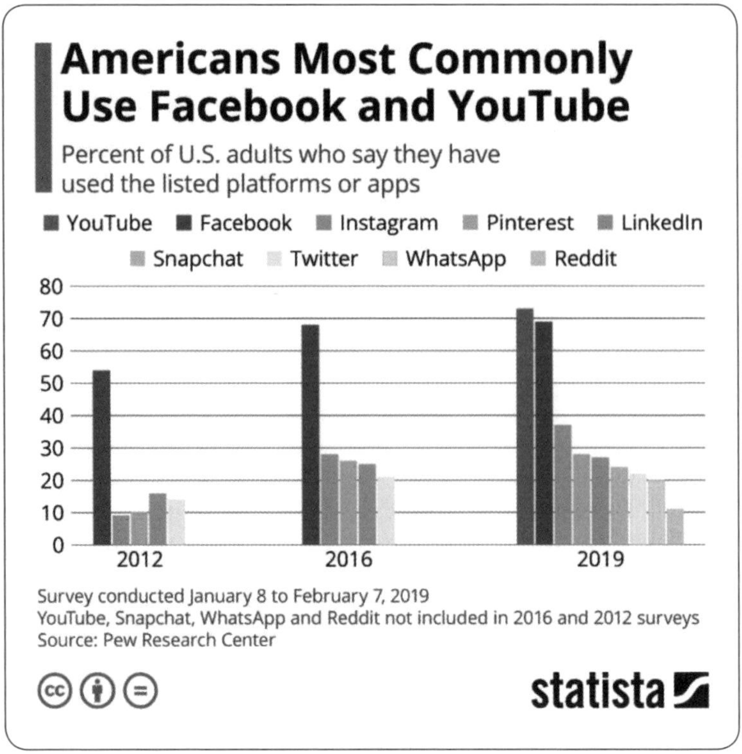

다. 유튜브는 이것을 H.263의 변종인 FLV로 변환한 뒤, 그것을 유저들이 온라인에서 감상할 수 있도록 해 놓았다. 플래시 영상은 대규모 온라인 동영상 호스팅 사이트들 사이에 가장 인기 있는 포맷이다. 이는 플래시 영상의 크나큰 호환성 때문이다. 2007년 6월에는 애플TV 또는 아이폰으로 스트리밍하는 것을 도와주는 H.264 영상 표준으로 인코딩된 동영상이 업로드될 수 있도록 허용하였다. 또한 도스박스에서 녹화된 동영상들도 별도의 인코딩 과정 없이 업로드 할 수 있다.

유튜브는 콘텐츠 라벨을 두는데, 공식적인 콘텐츠 등급이 없는 동영상을 업로드할 때, 이것을 언어, 과도한 노출, 성적 표현, 폭력 및 약물 사용의 5가지 카테고리에서 등급을 지정하여, 업로더는 각 카테고리에 대해 녹색(성인용 콘텐츠가 아님), 노란색(가벼운 성인용 콘텐츠), 빨간색(성인용 콘텐츠로서 18세 이상 시청자로 제한됨) 등 3가지 단계로 등급을 매긴다. 유튜브는 막강한 사회적 영향력을 행사하기에 이르렀는데, 이것은 U2U(User to User) 방식의 특성에 기인한 것으로 봐야 할 것이다. 유튜브는 사용하기 쉬운 환경을 강점으로 하여 컴퓨터를 사용하는 누구나 동영상을 올릴 수 있도록 해 동영상 스트리밍을 인터넷 문화의 주류로 자리 잡게 했다.

그리고 유튜브 프리미엄(YouTube Premium)이 있다. 2015년 10월 21일부터 유튜브 유료 요금제다. 처음 발표 당시에는 Red(레드)라는 이름이었으나 2018년 6월 개편 이후 Premium(프리미엄)으로 변경하였다. 유저에게는 YouTube Music Premium 이용, 유튜브 광고 제거, 유튜브 동영상 다운로드, 유튜브 오리지널 감상 가능, PIP기능(다른 작업을 하는 동시에 작은 화면으로 영상과 작업을 하는 기능) 등 서비스 혜택이 있다. 유튜브 프리미엄의 오리지널로는 〈All Shows and Movies〉, 〈Binge the entire season of The Age of AI with YouTube〉, 〈Premium, BookTube〉 등이 있다. 아래의 캡처 사진은 유튜브 프리미엄의 오리지널 중에 아이언맨(역: 로버트 다우니 주니어)이 출연한 〈The Age of A.I.〉 프로그램이다. 조회 수가 4천만 명을 넘었다.

유튜브의 주요한 특징은 유튜버에 대한 보상(reward) 제도에 있다. 유튜버에게 광고 수익을 나누어준다는 의미다. 유튜버가 동영상을 업로드하여 유저들이 시청하게 되면 광고가 나오게 함으로써 영상 업로더가 수익을 얻을 수 있다. 유튜브가 실시간 스트리밍 서비스를 시작하게 되면서, 스트리머를 직접 후원할 수 있는 기능인 슈퍼챗도 등장했다. 유명 인플루언서 유튜버의 경우 이 슈퍼챗 수익도 적지 않다.

구글은 광고주와 광고 판매업자의 진입장벽을 간소화하기 위해 구글 검색, 유튜브 동영상 서비스, 구글 플레이 스토어 등에 적용되는 광고를 '구글애즈(Google Ads)'로 통합했다. 광고주용 서비스는 '구글 애드매니저'로 만들었다. 다만 소규모 웹 사이트 및 모바일 앱 개발자를 겨냥한 '애드센스(AdSense)'와 '애드몹(AdMob)' 브랜드는 유지한다. 크리에이터는 동영상 화면에 다양한 설정을 할 수 있는데, 채팅창을 화면에 표시하고 배경, 폰트 등을 바꾸고 3D로 회전도 가능하며 채팅 쿨타임을 설정할 수도 있고 생방송 도중에도 중간 광고를 띄울 수도 있다. 자사 사이트 광고의 경우 유튜브가 45%, 유저가 55%로 나눠가진다. 슈퍼챗으로 후원할 경우 채팅에 단색의 배경과 함께 5천 원 이상 후원했을 경우 채팅창 위에 후원자의 프로필 사진 및 후원액이 최대 5시간 동안 노출된다.

광고시장에서의 구글의 영향력은 대단하다. 아래의 인포그래픽에서 보이듯이 구글의 광고 매출은 미국 시장의 절반 크기이고 중국 시장 사이즈보다도 더 크다.

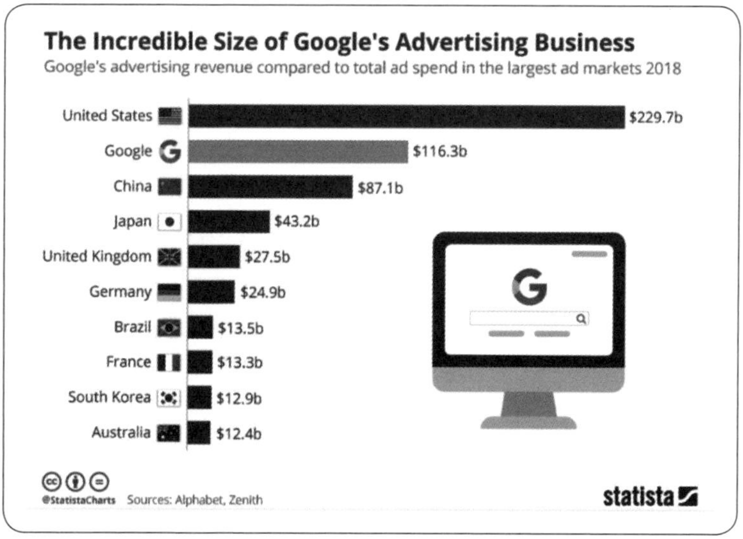

유튜브의 가치는 어느 정도일까?

유튜브 인수 후 2008년에 구글이 속이 터진다는 기사가 나왔다. 인수 당시 유튜브는 전혀 수익모델이 없었다. 하지만 구글은 엄청난 숫자의 유튜브 이용자를 기반으로 광고수익을 거둘 수 있을 것으로 판단했다. "2조2000억 원 투자했더니 1400억 원밖에 못 벌어오나!" 라는 것이다. 유튜브는 유튜버들이 자유롭게 동영상을 올리고 다른 유튜버들의 동영상을 감상하는 서비스다. U2U서비스다. 유튜브들이 올리는 TV프로그램이나 영화 등 동영상의 저작권 문제가 해결되지 않았고, 유튜브들이 올린 콘텐츠는 광고주들의 관심을 끌지 못했다. 당시 OTT 플랫폼인 '훌루'가 합법적인 영화와 TV프로그램을 공급하며 서비스 개시 1년 만에 7천만 달러의 매출을 기대하는 것과 대조적이었다. 당시 업계 전문가들은 회원 수 320만 명에 불과한 훌루가 내년에는 회원 1억 명의 유튜브보다 더 많은 매출을 올릴 것으로 전망했었다. 지금은 월트디즈니컴퍼니로 최종 인수된 '훌루'도 대단한 OTT 플랫폼이지만 유튜브의 성장세는 훌루를 능가한다. 뭐 결과론적으로 잘 팔고 잘 산 것이 아닐까?

그렇다면 유튜브의 매출은 어느 정도일까? 2020년 2월 3일 구글의 발표에 의하면, 유튜브 광고 매출은 2017년 81억5,000만 달러, 20018년 111억5,500만 달러, 2019년 151억4,900만 달러(약 17조9,850억 원)다. 최근 매년 35% 이상 급성장하고 있다. 2019년 기준 유료서비스 구독료 등 비광고 부문 매출은 약 100억 달러 정도로 추산된다. 순다르 피차이 알파벳 최고경영자(CEO)는 "작년 4분기 유튜브의 비광고 매출은 약 30억 달러이며 유료 구독서비스 가입자는 2,000만 명이 넘는다"고 말했다. 유튜버의 광고 매출은 네이버의 2019년 매출 6조5,934억 원의 약 3배에 달하는 규모다. 알파벳의 주요 수익원이 구글의 검색 및 광고에서 유튜브와 클라우드 컴퓨팅 부문으로 서서히 옮겨 가고 있는 것으로 분석된다. 실제로 2019년 4분기를 기준으로 보았을 때, 유튜브 광고 매출은 47억2,000만 달러로 동기간 구글의 전체 광고 매출(379억3,000만 달러)의 12.4%에 달했다. 클라우드 컴퓨팅 부문은 2018년 매출은 연간 58억4,000만 달러, 2019년 매출은 89억2,000만 달러로 역시 성장 속도가 빠르다. 하지만 경쟁사인 아마존웹서비스(AWS)에 비교하면 아직 1/4 수준이다. 알파벳의 2019년의 매출을 분석할 때 유튜브와 컴퓨터 크라우딩 부문의 성장률은 주목할 만하다. 아래의 인포그래픽은 유튜브의 매출 증가율을 나타낸 것이다.

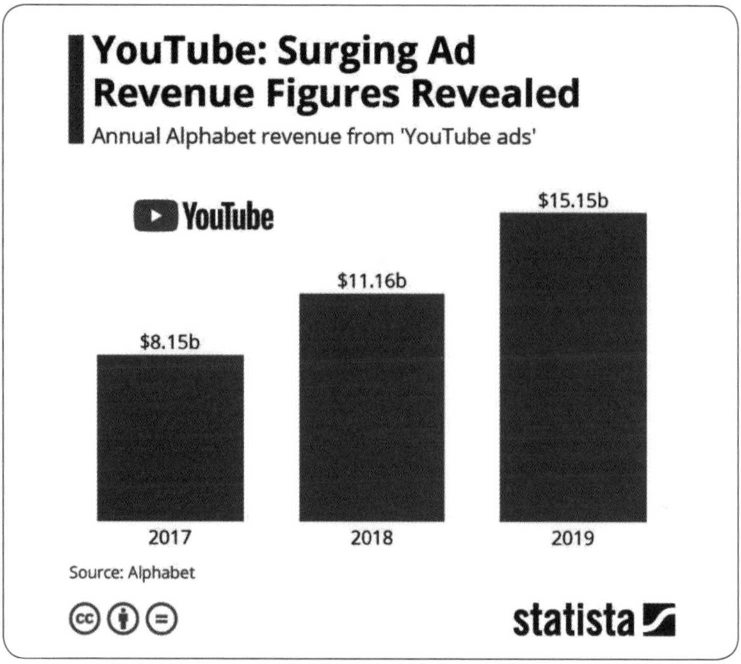

아래의 인포그래픽에서 볼 수 있듯이, 유튜브의 광고 매출액은 이미 2018년에 NBC 등 공중파 방송사의 광고 매출액을 넘어섰다.

그러면 이 유튜브의 가치는 지금은 어느 정도일까? 2017년 7월 경에 미국 월스트리트에서 기술주 애널리스트로 유명한 빅터 앤서니(Victor Anthony)는 CNBC와의 인터뷰에서, 유튜브가 상장된다면 시가총액이 750억 달러에 달할 것이라고 분석하였다. 약 80조 원 정도다. 그런데 1년 뒤 2018년 5월에 모건스탠리의 애널리스트는 1,600억 달러로 평가하였다. 대략 180조 원이다. 유튜브가 독립기업이라면 제너널 일렉트릭(GM), IBM, 컴캐스트보다 더 가치가 있다는 분석

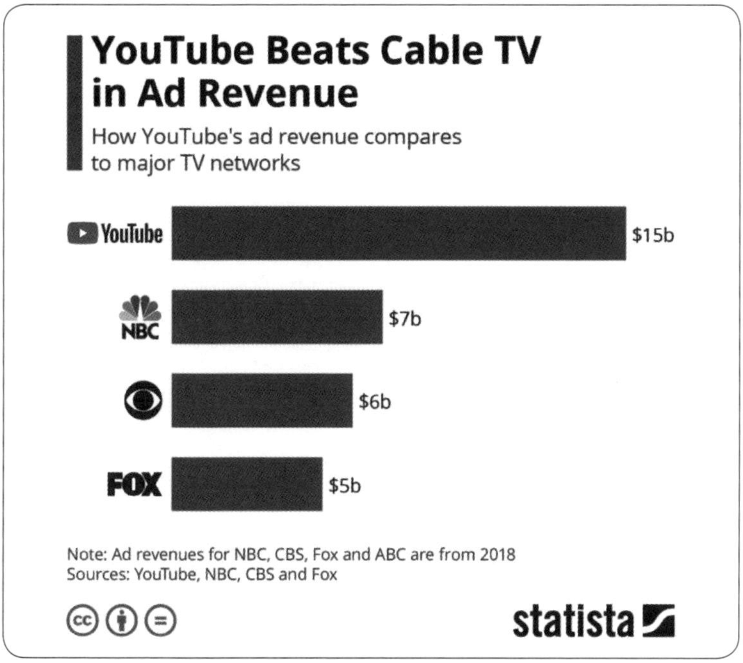

이다. 1년 사이에 두 배가 넘게 상승한 것이다. 무서운 성장세다. 실리콘밸리 아이콘들의 성장세가 어느 정도인가는 유튜브의 아이러니한 이야기 속에서 알 수 있다. 물론 결과론적으로 성공한 벤처에 해당하는 이야기지만 말이다.

X → Z → U:
X세대에서 Z세대로 그리고 Z세대에서 U세대로

5G 정보통신 인프라의 등장은 동영상 커뮤니케이션 시대를 한층 앞당길 것이다. 4G에 비해서 5G는 전송속도가 20Gbps로 이전 세대에 비해 20배가 빠르다. 가상현실(VR), 홀로그램, 자율주행차, 스마트시티, 스마트팩토리 등의 서비스가 가능해진다. 2Gb의 HD영화 한 편의 다운로드 속도가 1초 이내에 이루어진다. 한국에서 1988년에 1세대 아날로그 이동통신서비스시대가 개막된 이래로 30여년만의 급속한 변화다.

이제는 어떤 디바이스를 통하는가와 어떤 앱을 즐겨 사용하는가 그리고 어떤 콘텐츠를 주로 시청하는가에 따라 세대가 구분되어지고 있다. X세대에서 Z세대로 그리고 Z세대에서 U세대로 변하고 있다. (U세대, 유튜버세대라는 단어는 필자가 그냥 편하게 조어한 것이다.) U세대에게는 유튜브가 콘텐츠의 통로이며 검색 도구이고 연락 공간이다. U세대에게 페이스북도 그저 올드매체에 지나지 않는다. 페이스북이 젊은 세대 유저층을 확대하고자 인스타그램과 왓츠앱을 인수한 이유다. 세대별 소셜 미디어 매체가 달라지고 있는 것에 발맞춘 STP 경영전략인 것이다. 요즘 아이들은 4살만 되어도 스마트폰으로 영상을 찾아가며 논다. 문화적 유전자 밈(meme)의 DNA가 달라지고 있는 것이다. 이제는 세대별로 이야기의 주제와 견해가 달라진다. 이전에는 견해는 달랐을지라도 주제는 동일했었는데 말이다. 속된 말로 각자 따로 노는 시대가 되었다. 각자 접하는 매체와 콘텐츠에 따라 주제와 견해가 분화하고 있는 것이다.

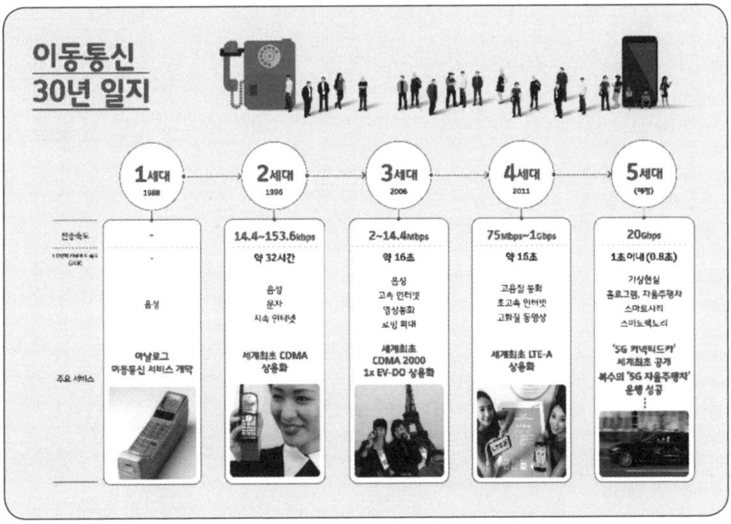

© SK텔레콤

P2U와 U2U

여기서 필자는 OTT 플랫폼을 두 가지 유형으로 나누어보고 싶은데, P2U와 U2U다. U2U는 'User to User'로 사용자와 사용자가 스트리밍으로 상호 연결하는 관계성이다. 유튜브는 U2U 플랫폼이라고 할 수 있다. 반면에 넷플릭스, 디즈니+, 애플TV+ 등은 플랫폼에서 유저에게 영화 등 영상물을 스트리밍해주는 서비스라고 볼 수 있다. 즉 'Platform to User'의 관계다. 이것을 필자는 P2U라고 부르고 싶다. 그래야 본서에서 거론하는 OTT 플랫폼의 혼재된 성격을 잘 파악할 수 있다. 이것을 도표로 나타내면 아래와 같다. 이 표에서 x축은 유저들의 상호 활동성(User Interactivity)이다. P2U2U의 지평으로도 볼 수 있는데, 4분면으로 나누었을 때, 왼쪽 면은 P2U 플랫폼이고 오른쪽 면은 U2U 플랫폼이다. y축은 트래픽을 나타내는데, 트래픽은 매출(sales)과 정비례라고 볼 수 있다. 붉은 선으로 표시한 y=x의 선은 앞에서 언급한 디지털 플랫폼 비즈 모델 P4C로의 추동 방향이라고 볼 수 있다.

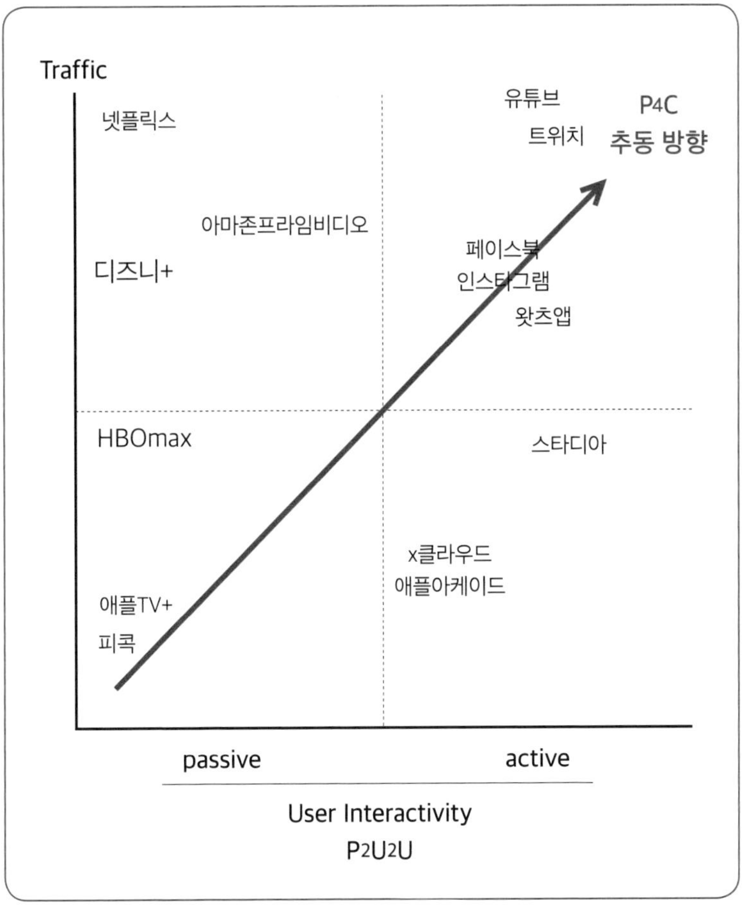

OTT의 STP (User Interactivity와 Traffic의 좌표평면).

스타디아와 트위치의 게임 스트리밍 전쟁

스타디아(STADIA)는 2019년 11월에 구글이 출시한 클라우드 스트리밍 게임이다. 아마존닷컴이 인수한 '트위치'에 대한 대항마로 구글이 유기적(organic) 성장 방식으로 출품한 것이다. 게이머들은 구글 클라우드 서버에서 게임을 구동하여 고품질 게임을 스트리밍 방식으로 즐길 수 있다. 스타디아는 PC, 노트북, TV, 스마트폰, 태블릿 등 디바이스에서 크롬 브라우저 등과 연동하는 방식으로 즉각적인 게임 접속을 지원한다. 스타디아 전용 게임조작기 '스타디아 컨트롤러'는 69달러에 판매된다. 와이파이를 통해 구글 클라우드 서버와 직접 연결된다. 십자 키, 아날로그 스틱, 입력 버튼 등 일반적인 콘솔 게임 컨트롤러와 유사한 디자인을 갖췄다. 구글의 인공지능(AI) 플랫폼 '구글 어시스턴트' 버튼과 내장 마이크도 탑재했다.

스타디아는 월정액으로 서비스된다. 발표한 요금제는 '스타디아 프로' 월 9.99달러(12,000원)다. 프로는 최대 4K 해상도와 60프레임, HDR 스트리밍에 5.1 채널 입체 음향을 제공한다. 스타디아에서 게임을 구매하면 무료로 이용할 수 있는 '스타디아 베이스'도 출시했다. 베이스는 풀HD해상도와 60프레임 영상과 스테레오로 게임을 스트리밍한다. 이 외에 크롬캐스트와 전용 패드, 3개월 이용권 등 스타디아의 모든 서비스를 이용할 수 있는 '파운더스 에디션'도 129.99달러로 출시했다. 스타디아는 크롬 브라우저를 실행할 수 있는 모든 기기에서 이용할 수 있으며, 픽셀 3·3a 시리즈를 대상으로 전용 앱을 제공한다.

그런데 필자가 주목하는 점은 구글 스타디아와 아마존닷컴 트위치의 소셜 미디어로의 발전 가능성이다. 이제 앞으로는 소셜 미디어도 텍스트, 이미지, 일방향의 영상 전송 방식에서 리얼타임 스트리

밍의 방식으로 전환될 것이다. 왜냐고? 유저들이 그것을 원하기 때문이다. 고객 창조의 과정이다. 이 과정에서 새로운 시장이 열린다. 이 리얼타임 스트리밍의 방식의 소셜 미디어는 아마존닷컴의 트위치에서 시도되고 있다. 위의 표에서 볼 수 있는 우상향으로의 유저 연결성과 트래픽 증가의 방향이다. 페이스북도 이 방향으로 가고 있다. 페이스북이 VR게임을 포함하여 게임 벤처들을 부지런히 인수하는 이유다.

클라우드의 가치

세계 클라우드 서비스 시장이 기업용 수요 확대에 힘입어 급성장하고 있다. 폭증하는 데이터 수요를 감당하고 인공지능(AI), 빅데이터 분석 등에 활용도가 높아졌기 때문이다. 글로벌 클라우드 분야에서 아마존닷컴의 AWS와 마이크로소프트의 애저(Azure)가 1·2위로 앞서가는 가운데 구글과 알리바바 간에 클라우드 3위 경쟁도 치열하다. 성장률도 60% 이상이다. 2020년 1월 11일 시장조사기관 카날리스가 발표한 자료에 따르면, 2019년도 글로벌 클라우드 인프라 시장 점유율은 아마존웹서비스(AWS)가 32.3%로 1위를 유지한 것으로 나타났다. 성장률은 36%로 다소 둔화된 상태다. AWS를 뒤쫓고 있는 MS 애저는 전년보다 2.7%포인트 오른 16.9%를 차지했다. MS 애저의 성장률은 63.9%였다. 두 회사가 전체 시장의 절반가량을 가져간 것이다. MS 애저가 AWS를 무섭게 추격하고 있긴 하지만 아직까지는 격차가 있다. 반면 3·4위 기업의 싸움은 더욱 흥미로운 관전 포인트가 되고 있다. 지난해 구글 클라우드는 5.8%, 알리바바 클라우드는 4.9%의 점유율로 각각 3위와 4위에 올랐다. 성장률 측면에서도 후발주자인 두 회사는 87.8%, 63.8%로 가파른 성장세를 보이고 있다. 구글 클라우드는 오라클 출신의 토마스 쿠리안을 영입한 뒤 지난해 영업 인력을 크게 늘리면서 총공세에 나서고 있는 상태다. 중국 시장에서 선두를 달리고 있는 알리바바 클라우드 역시 아시아태평양 지역과 유럽을 중심으로 시장을 확대하고 있다.

Cloud service provider	Full-year 2019 (US$ billion)	Full-year 2019 market share	Full-year 2018 (US$ billion)	Full-year 2018 market share	Annual growth
AWS	34.6	32.3%	25.4	32.7%	36.0%
Microsoft Azure	18.1	16.9%	11.0	14.2%	63.9%
Google Cloud	6.2	5.8%	3.3	4.2%	87.8%
Alibaba Cloud	5.2	4.9%	3.2	4.1%	63.8%
Others	43.0	40.1%	34.9	44.8%	23.3%
Total	**107.1**	**100.0%**	**77.8**	**100.0%**	**37.6%**

© 카날리스(2020.1.11.)

이들 클라우드 4강은 스타트업도 성장성이 높은 주요 잠재고객층으로 보고 스타트업 지원사업도 펼친다. 스타트업이 클라우드를 이용하는 것은 인프라를 효율적으로 운영하면서 초기 운영비용을 절감할 수 있기 때문이다. 클라우드 업체도 스타트업을 주요 고객으로 삼고 지원 사업을 확대하고 있다. 이들은 인프라를 일정 기간 동안 무료로 제공하고 멘토링, 기술 교육, 홍보대행 서비스 등도 지원한다. 아마존웹서비스(AWS)는 2013년 10월 스타트업 지원 사업 'AWS 액티베이트'를 공개했다. 마이크로소프트(MS)는 2008년부터 '비즈스파크'라는 스타트업 지원 프로그램을 제공하고 있다. 클라우드 서비스인 '애저'는 2012년부터 지원했다. 구글은 2014년 9월 '클라우드 플랫폼 포 스타트업'을 시작했다. IBM은 클라우드 서비스를 내놓으면서 2014년부터 '카탈리스트'라는 프로그램도 함께 지원하고 있다.

왜 클라우드 부문에 주목해야 하는가? 필자가 5장에서 아마존닷컴의 AWS를 거론하면서 아마존닷컴과 알파벳의 업의 정의를 어떻게 정의할 것인가를 거론하면서 디지털 비즈의 경영전략으로서 시론적으로 P4C를 제시했는데, 이 4C에서 3C(Content, Commerce, Community)의 기저에 깔리는 것이 클라우드(Cloud)라고 보았기 때문이다. 이 4C를 묶어내는 플랫폼(Platform)으로 가는 방향이 글로벌 디지털 기업의 경영전략이라고 보고 P4C라고 명명하고 제시했기 때문이다. 이 디지털 P4C 경영전략에 대해서는 [보론]에서 자세히 거론해볼까 한다. 흥미로운 점은 구글의 커머스 **C**는 커머스들을 e커머싱하는 E커머스로서의 굵은 문자로서의 **C**라고 보아야 할 것이다. 아울러 이 플랫폼은 역시 굵은 문자로서의 **P**라고 보아야 할 것이다. 넷플릭스나 디즈니+의 플랫폼과 좀 다른 의미로 말이다. 플랫폼들의 플랫폼이라는 의미다. 글로벌 디지털 제국(Empire)의 플랫폼으로서의 **P**다!

AT&T
COMCAST
verizon

덤 파이프의 역설 (The Dumb Pipe Paradox)

07

미국 통신3사의 성장 추세

7장 〈덤파이프의 역설〉에서는 미국의 3대 주요 통신사인 AT&T, 컴캐스트, 버라이즌과 한국의 대표적인 이통사인 SK텔레콤 등을 살펴본다. 이들 통신사들은 OTT 플랫폼의 방향으로 향하고 있다. N→CP 방향으로 향하고 있는 것이다. 아래의 표는 이들 통신사의 개요를 보여준다.

시가총액	시가총액	PER	주요사항
AT&T	$219.88b	15.66	- 미국 1위 유선전화, 2위의 이동전화 서비스 - 2015년 다이렉트TV 인수 - 2018년 타임워너 인수
컴캐스트	$180.74b	15.69	- 미국 1위 인터넷 서비스 - 2013년 NBC유니버설 인수
버라이즌	$237.44b	12.92	- 미국 1위 이동통신 사업자 - 2015년 AOL 인수, - 2016년 야후 인수
SK텔레콤	$14.08b	19.31	- 한국 1위 이동통신 사업자 - 2019년 OTT 웨이브(wavve) 출범

(2020.5.31. 기준)

AT&T의 고난(passion)의 드라마

AT&T는 1885년에 뉴욕에서 전화기 발명가 알렉산더 그레이엄 벨(Alexander Graham Bell)에 의해 설립되었다. 그레이엄 벨은 과학자이자 발명가였다. 20세기 초엽 미국 정부와 협상 결과 전화사업의 독점권을 확보한다. 이 독점은 1970년대 초 반독점소송의 결과 해체되게 된다. 1978년에 미합중국 법무부가 반독점법에 근거해 소송을 제기했고, 1982년에 워싱턴 D.C. 연방지방법원의 명령에 따라 AT&T는 장거리통신 및 통신기술 관련 자회사만 유지하고, 나머지는 6개 지역별로 분할되어 시장경쟁체제로 전환되었다. AT&T는 2006년에 미국 동남부 지역 전화회사인 벨사우스를 인수하면서 벨사우스의 자회사이자 당시 미국 최대의 이동통신회사인 Cingular사를 함께 인수하여 'AT&T 모빌리티'로 이름을 바꾸었다. 2016년 10월에 타임워너를 M&A한 후 OTT인 HBOmax를 출범시켰다. AT&T는 가희

135년간의 고난(passion)의 드라마를 써왔다고 할 수 있다. 현재 미국 2위 무선통신업체다. 아래의 이미지는 AT&T의 변천사를 보여준다.

AT&T, 타임워너를 인수하다

AT&T가 미국 3위 미디어기업 타임워너를 854억 달러에 인수한데 이어 온라인 광고회사 앱넥서스(AppNexus)까지 인수하며 구글, 페이스북이 지배하고 있는 디지털 광고 시장에 도전했다. 2007년 미

국 뉴욕에서 설립된 앱넥서스는 광고주가 다양한 웹 사이트와 앱에서 소프트웨어를 사용해 광고를 구매하는 데 도움을 주는 기술을 제공하고 웹사이트의 광고 공간을 관리하고 판매하는 역할을 한다. 타임워너는 인수된 후 회사명을 워너미디어로 바꾸었다. CNN, 워너브러더스, 터너, tbs, HBO 등을 자회사로 거느리고 있다. 이후 워너미디어는 2020년 5월, OTT로 HBOmax를 론칭한다.

HBOmax를 론칭하다

2020년 5월 27일 AT&T의 워너미디어는 스트리밍 플랫폼 HBOmax를 론칭했다. 워너미디어의 레전드 카탈로그와 신규 제작 오리지널 콘텐츠 등으로 큐레이션하였다. $14.99/month 구독료로 제공한다. AT&T는 HBOmax에 추후 3년간 콘텐츠 제작 등에 40억 달러를 투자한다.

HBOmax는 막강한 콘텐츠 포트폴리오를 자랑한다. 가히 HBOmax의 세계관을 보여준다. 〈해리포터〉, 〈신비한 동물사전〉 시리즈와 함께 〈원더우먼〉, 〈배트맨 대 슈퍼맨: 저스티스의 시작〉, 〈수어사이드 스쿼드〉, 〈아쿠아맨〉, 〈저스티스 리그〉 등 DCEU(DC 확장 유니버스) 영화들도 공개했다. 이것들만이 아니다. 〈반지의 제왕〉, 〈에일리언〉, 〈다이하드〉 시리즈와 〈조커〉, 〈그것〉, 〈스타 이즈 본〉, 〈크레이지 리치 아시안〉, 〈물랑루즈〉 등 워너브라더스의 영화들도 방영한다. 또한 워너브라더스가 제작한 인기 시트콤 〈프렌즈〉, 〈빅뱅이론〉, 〈닥터 후〉, 〈릭 앤 모티〉, 〈프레시 프린스 오브 벨-에어〉, 〈The O.C〉, 〈프리티 리틀 라이어스〉 등도 선보인다. 그리고 〈왕좌의 게임〉, 〈빅 리틀 라이즈〉, 〈유포리아〉, 〈웨스트월드〉, 〈섹스 앤 더 시티〉, 〈와치맨〉, 〈배리〉, 〈소프라노스〉, 〈부통령이 필요해〉, 〈커브 유어 엔수지애즘〉 등 미드도 줄줄이 등장한다. 맥스 오리지널 콘텐츠 역시 빼놓을 수 없다. 〈러브 라이프〉, 〈온 더 레코드〉, 〈레전드: 크래프트피아〉, 〈가십걸〉, 〈더 플라이트 어탠던트〉 등도 방영한다. 그리고 〈루니 툰〉과 함께 카툰 네트워크의 〈어드벤처 타임〉, 스튜디오 지브리의 애니메이션들도 대거 방영한다. 아울러 워너미디어 휘하의 CNN, TBS, TNT, BBC, The CW 등 방송사들의 콘텐츠들도 HBOmax의 세계관에 합류한다.

왕좌의 게임(Game of Thrones)

HBO의 대표작이 바로 〈왕좌의 게임(Game of Thrones)〉이다. 조지 마틴의 원작 〈얼음과 불의 노래〉를 바탕으로 소설가 겸 각본가인 데이비드 베니오프와 D.B.와이스가 제작하고 HBO에서 방영한 판타지 TV 시리즈물이다. 2011년 4월~6월까지 시즌1 방영을 시작으로 2012년 4월~6월까지 시즌2가, 2013년 3월~6월까지 시즌3이 2014년 4월~6월까지 시즌4가, 2015년 4월~6월까지 시즌5가, 2016년 4월~6월까지 시즌6이 각각 10화로 방영되었다. HBO 드라마 사상 최고의 메가 히트작 중 하나다. 매 시즌에 투입된 비용은 무려 6~7천만 달러로 웬만한 극장용 블록버스터 영화 한 편을 제작할 금액이다. 실제로 작중 내내 영화급의 디테일과 스케일을 보여주었다. 〈왕좌의 게임(Game of Thrones)〉은 HBOmax의 킬러 콘텐츠로 스필오버 효과를 얼마나 낼 지가 관건이다.

GAME OF THRONES

컴캐스트의 M&A

컴캐스트는 미국의 두 번째로 큰 케이블TV방송회사이자 1위 인터넷 서비스업체다. 2013년 NBC유니버설을 인수했다. 현재는 월트디즈니컴퍼니, 워너미디어와 함께 세계 3대 미디어 그룹이다. 2010년도에는 케이블·인터넷·전화 관련 부문의 브랜드를 Xfinity(엑스피니티)로 개명했다. 주요 계열사로는 Sky, NBC유니버설, CNBC, MSNBC,

유니버설 파크 앤 리조트(Universal Parks & Resorts), 유니버설 픽처스(Universal Pictures), 드림웍스 애니메이션(DreamWorks Animation), NBC 등이 있다. 이중에 NBC유니버설에 대해 살펴보자.

「NBC유니버설과 피콕(peacock)」

NBC유니버설은 제너럴 일렉트릭의 자회사였던 NBC와 비방디의 자회사였던 유니버설 픽처스가 2004년에 합병한 회사로 2013년 컴캐스트에 인수되어 자회사가 되었다. 뉴스, 스포츠 등의 미디어와 영화 등의 엔터테인먼트를 생산 및 마케팅하는 회사이다. 이외에도 테마파크와 디지털 관련 업종도 하고 있다.

컴캐스트의 공작새 피콕(peacock)은 컴캐스트의 자회사인 NBC유니버설이 자체적으로 운영하는 OTT다. 2020년 4월에 론칭했다. 오리지널 콘텐츠로 〈Brave New World〉, 〈내 이름은 펑키(Punky Brewster)〉, 〈베이사이드 얄개들(Saved by the Bell)〉 등이 있다. NBC유니버설은 넷플릭스에 드라마 〈오피스〉를 제공하는 것을 2021년부터 중단하고 대신에 이 드라마를 5년간 자사의 스트리밍 서비스에 독점적으로 제공한다. 〈오피스〉는 넷플릭스에서 시청률이 높은 드라마다. 이 같은 조치는 피콕이 〈오피스〉를 킬러 오리지널로 하여 스필오버 효과를 얻으려는 목적이다. 유명 코미디 드라마 〈30 Rock〉과 〈쥬라기공원〉 시리즈 등도 방영한다. 컴캐스트는 향후 2년간 피콕에 20억 달러를 투자할 계획이다.

현재 넷플릭스, 디즈니+, 아마존프라임비디오, 애플TV+ 등 대부분 OTT는 광고를 적용하지 않는 가격정책을 채택하고 있다. 그러나 피콕은 OTT 시장에 도전장을 던지면서 광고를 활용한 가격정책

을 차별화 전략으로 내세웠다. 시간당 5분가량의 광고를 보면 7,500 시간에 달하는 콘텐츠를 무료로 볼 수 있다. 그리고 피콕 프리미엄은 월 4.99달러에 광고가 포함되지만 콘텐츠는 1만5,000 시간에 달한다. 광고 없는 버전의 경우 월 구독료는 9.99달러다. 컴캐스트 가입자라면 피콕 프리미엄은 무료로, 광고 없는 피콕은 5달러에 제공된다. 이 차별화 정책은 NBCU가 광고를 통해 수익을 얻으면서도, 소비자는 무료로 서비스를 이용할 수 있도록 한 것이다. 광고가 없는 다른 OTT 서비스와 비교했을 때 가격적인 경쟁력을 갖출 수 있다. 넷플릭스 구독료는 월 8.99달러부터 시작하며, 디즈니플러스는 월 6.99달러, 훌루 5.99달러, 애플TV플러스 4.99달러, HBOmax는 월 14.99달러다.

버라이즌, 야후와 AOL을 인수하다

다음의 인포그래픽에서 볼 수 있듯이, 버라이즌은 미국 내 1위의 모바일 통신사다. 버라이즌은 AT&T가 반독점법 위반으로 분할될 때 떨어져 나온 벨 애틀랜틱(Bell Atlantic)과 NYNEX가 1997년에 합병하면서 만들어진 통신사다. 합병 후 존속 법인인 벨 애틀랜틱 명칭을 유지하고 있다가, 2000년에 또 다른 통신사인 GTE를 인수하는 과정에서 Veritas+Horizon을 의미하는 Verizon이란 현재의 이름으로 회사명을 변경했다. 한때는 공중전화 사업으로 위세를 떨치기도 하였다. 자회사로 버라이즌 와이어리스(이동통신 사업), 버라이즌

파이오스(광섬유 통신망, IPTV, 집전화 서비스) 등이 있다. AOL과 야후도 인수했다. 디지털 서비스를 강화하려는 목적이다.

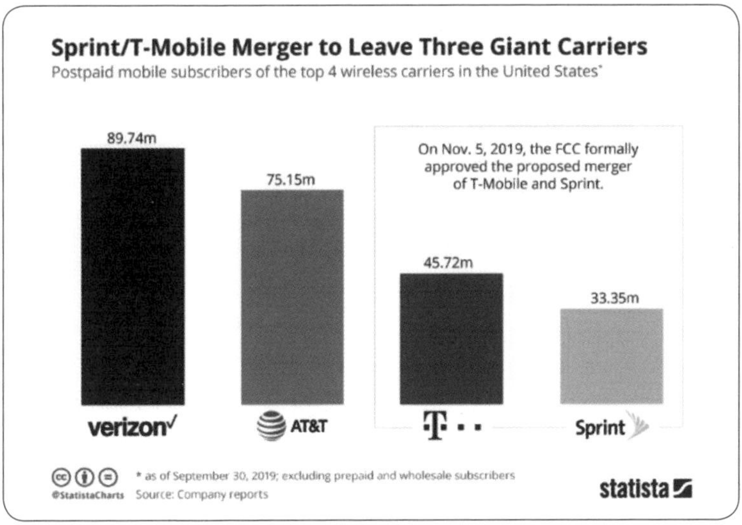

그런데 그때 AOL의 타임워너 인수는 왜 승자의 저주에 빠졌나?

21세기 벽두에 세계 최대의 M&A가 성사되었었다. AOL의 타임워너 인수합병이었다. 2000년 초에 당시 나스닥이 천정부지로 치솟을 때였다. 어느 정도인가? 아래의 나스닥 지수 그래프에서 볼 수 있듯이, 15년 뒤인 2015년에 들어서서야 그 당시의 최고점으로 회복될 정도였다. 이 첨탑의 시점에 IT 업계에서 전대미문의 M&A가 일어났다. 바로 아메리카온라인(AOL)의 타임워너 인수였다.

그러나 이 M&A는 결과적으로는 '승자의 저주(the curse of winner)'에 빠진 대실패였다. 당시에 인수가는 1,830억 달러였다. 200조 원 상당의 인수금액이다. 이후 주당 74달러였던 주가가 2년 반 만에 주당 14달러로 폭락했다. 무려 80% 정도 하락을 맛본 것이다. 물론 당시 IT 버블로 나스닥도 비슷하게 푹 꺼졌고 이후 회복하는데 15년 정도가

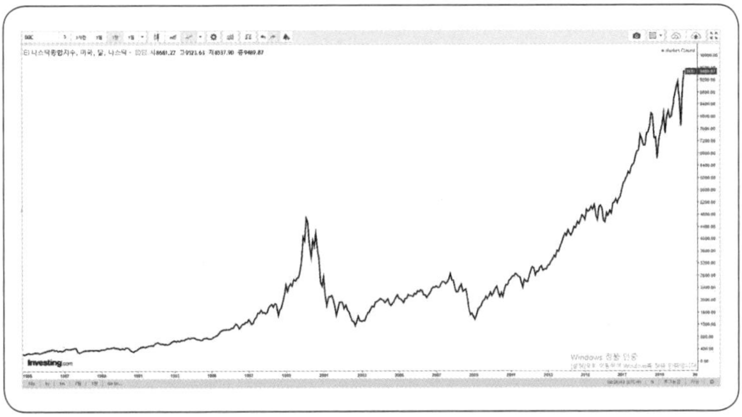

경과해야 했다. 말하자면 나스닥의 잃어버린 15년이었다. 그 뒤에 두 회사는 우여곡절을 겪으며 각자의 길을 가다가 현재 AOL은 컴캐스트에 의해 인수되고 타임워너는 AT&T에 인수되었다.

미국 역사상 최악의 기업합병 케이스로 기록된 AOL의 타임워너 인수합병의 실패 원인은 무엇일까? 뉴욕타임스(NYT)는 10년 전 2010년에 분석 기사를 냈었다. 합병 후 10년이 흐른 시점이었다. 당시 합병을 책임졌던 두 회사의 회장과 CEO 등 4명의 연쇄 인터뷰를 통해 그 원인을 분석해 눈길을 끌었다.

제럴드 레빈(Jerry Levin) 전 타임워너 회장과 스티브 케이스(Steve Case) AOL 창업자간 첫 만남은 1999년 가을 중국 베이징 텐안먼 광장에서 열린 중국 정부 건립 50주년 기념행사장에서였다. 두 사람은 당시 합병과 관련해 직접적 언급은 없었지만, 이 공교로운 만남은 한 달여 뒤 본격적인 통합 합병 논의의 시발점이 됐다. 이후 합병 작업은 두 회사 내부의 반대가 거의 없는 상황에서 속전속결로 진행됐다. 합병 발표 직후에도 월스트리트저널은 무려 20건 가량의 기사를 내보냈고, 언론들은 '변혁'이라는 말을 화두로 내세웠다. 스티븐 케이스 AOL 전 회장은 "발표 당시 우리는 최강의 인터넷 회사와 최고의 미디어 회사 간 결합이 새로운 21세기를 선도하는 기업의 탄생이라는 것을 믿어 의심치 않았다"고 회고했다. 온라인으로 콘텐츠를 제공한다는 판타지였다.

그러나 합병 4개월 후인 2000년 5월부터 붕괴의 조짐이 나타나기 시작했다. 닷컴 버블이 무너져 내리기 시작했고, 온라인 광고는 부진 했으며, 합병 협상의 근거였던 AOL의 수익전망은 기대를 충족시킬 수 없는 상황으로 치닫기 시작했다. 특히 하이 스피드 인터넷 접속 기술의 발달로 인해 전화 접속 인터넷의 최강자였던 AOL의 설 자리는 점점 좁아져 갔다.

이 같은 외적 문제는 이질적인 두 회사의 물리적 결합으로 인한 내적 문제에 비하면 사소한 것이었다고 이들은 회고했다. 리처드 파슨스 전 타임워너 CEO는 "합병 이후 타임워너 사람들은 완전히 새로운 생활에 직면해야 했다. 두 회사는 너무 다른 문화를 갖고 있었는데 그 차이를 너무 과소평가했다"고 말했다. 더욱이 회사의 주도권을 놓고 두 회사 사람들 간에 서로를 증오하는 말들이 공공연하게 터져 나왔다. 당시 합병 협상은 AOL이 통합 회사의 근간이 되는 것으로 발표됐지만, 실제 이행과정에서는 AOL의 유능한 인재들이 뉴욕의 타임워너 본사 쪽으로 옮겨 가는 경우가 많았고 이로 인해 AOL측의 불만은 증폭됐다. 그런 와중에 내부 제보자의 누설로 인해 2002년 워싱턴 포스트에 AOL의 광고 수입 부풀리기 행태가 공개되어 미 증권거래위원회와 법무부 등의 조사로 합병 회사는 엄청난 금액의 벌금을 내야 했으며, 타임워너 쪽 사람들의 강한 불만으로 AOL 창업주 스티브 케이스는 회사를 떠나야 했다.

이 합병으로 지난 10년간 가장 큰 돈을 잃은 사람은 CNN의 창업자로 합병 회사의 최대 주주였던 테드 터너(Ted Turner)였다. 그는 NYT에 "다시 아픈 상처를 파헤치고 싶은 생각이 없다. 타임워너와 AOL의 합병은 베트남 전쟁이나 이라크, 아프가니스탄 전쟁과 마찬가지로 역사 속에 흘려보내야 한다. 이 합병은 미국에서 발생했던 가장 큰 재앙들 중 하나였으며, 나는 80억 달러를 잃어 버렸다"고 말했다.

이 두 회사의 합병은 대표적인 실패 사례로 지금도 많은 경영대학원에서 '승자의 저주' 케이스 스터디 소재가 되고 있다. 본서에서도 두 회사가 언급되는 이 장에서 다루고 있으니까 말이다. 도대체 당시 합병 순간에는 월스트리트에서도 환상적인 합병으로 평가 받았었는데 말이다. 왜 장밋빛 전망은 재앙이 되었나? 이 합병의 실패 원인은 세 가지 정도로 요약된다.

첫째는 서로 다른 기업문화의 통합에 실패한 것이다. 말하자면 PMI(post-merger integration)에 실패한 것이다. 한 분석에 의하면, AOL의 직접적인 커뮤니케이션 화법은 타임워너의 간접적인 화법과 충돌했다. IT기업의 직설적인 문화와 콘텐츠 미디어 기업의 은유적인 문화가 충돌한 것이다. 두 회사의 문화적 통합은 실패했고 합병 시너지도 발휘될 수 없었다.

둘째는 철저한 사전조사 및 사업 전망에 대한 면밀한 분석이 부족했다. 인터넷 사용자들이 초고속 인터넷 사용으로 몰리는 시점에 타임워너는 사용자 대다수가 전화 접속 방식을 사용하는 AOL과 손을 잡은 것이다. AOL 온라인에 타임워너의 콘텐츠를 실어 나른다는 환상적인 궁합 예측은 속궁합이 맞지 않았던 것이다. 데이터 용량이 큰 타임워너의 콘텐츠를 AOL의 전화 접속 방식으로 제공한다는 미스매치가 일어난 것이다.

셋째는 IT버블이 닥칠 것이라고는 생각도 못했다. 물론 결과론적인 분석이지만! 팻테일(fat tail)이 꿈틀거릴 거라는 것을 몰랐던 것이다. 하락장에 힘쓰는 장사는 없다는 사실을! 금융환경 분석에도 눈길을 두지 않은 것이다.

이 책 『OTT 플랫폼 대전쟁』을 집필해오다보니, 굉장히 많은 M&A들이 진행되고 있음을 살펴볼 때, 과거지사 타산지석으로라도 언급할만한 가치가 있다고 보여서 AOL과 타임워너 두 회사가 등장하는 대목에서 M&A에서의 '승자의 저주(the curse of winner)'에 대해 거론해보았다.

SKT, 웨이브(wavve)에 올라타다

넷플릭스의 상륙에 맞서서 SKT의 옥수수(oksusu)와 공중파방송 3사의 푹(pooq)이 합병하여 웨이브(wavve)를 론칭했다. 한국산 토종 OTT인 셈이다. C-P-N의 수직 결합이다. 공중파 방송3사가 PP로 콘텐츠(C)를 제공하고 SKT가 네트워크(N)를 맡는 수직 결합이다. CJ ENM과 jtbc도 티빙(tving)으로 결합한다. 벤처기업인 왓차플레이도 힘내고 있다. 이미 아마존프라임비디오도 활동 중이고 디즈니+와 애플TV+도 방한한다. 한국에서도 OTT 플랫폼 전쟁이 벌어졌다. 이 전쟁에는 이미 U2U의 대세 유튜브가 막강한 트래픽을 자랑한다.

웨이브가 NBC유니버설과 협력을 본격화한다. 콘텐츠웨이브는 NBC유니버설과 파트너십을 체결했다. 웨이브는 국내 지상파3사(KBS·MBC·SBS)와 함께 제작한 오리지널 콘텐츠를 향후 3년간 매년 최대 5개 작품을 NBC유니버설에 공급한다. NBC유니버설은 제공받는 콘텐츠에 대한 해외 유통 권리를 갖는다. NBC유니버설이 보유한 미국 지상파 방송 NBC, 계열사인 영국 스카이 채널 등과 자체 OTT인 피콕(peacock)에 제공된다. 웨이브는 NBC유니버설과 공동 콘텐츠 투자·제작도 함께 모색한다. 웨이브는 NBC유니버설의 〈인텔리전스〉, 〈코브라〉 등 최신 콘텐츠들을 국내 방영해왔다.

바야흐로 OTT 춘추전국시대의 개막이다. 흥미진진하다. 소비자는 즐겁다. 저마다 고객가치를 내세우며 눈길을 끌려고 경쟁하기 때문에 서비스가 더 좋아질 수밖에 없다. 이들 콘텐츠를 다 보려면 인생을 다 투자해도 어려울 지경이다. 합리적인 소비가 필요하다. 소비자의 눈길을 사로잡지 못하면 도태된다. 그래서 경영전략이 중요하다.

크레이그 모펏과 '덤 파이프의 역설'

통신사업자는 단순히 네트워크 인프라만 제공하는 '덤 파이프(Dumb Pipe)' 사업자로 전락할 지 모른다는 위기의식이 있다. 2016년 9월 20일에 황창규 KT 회장이 하버드대학교 강단에서 '네트워크의 힘'을 주제로 특별강연을 했다. 이날 강연은 2017년 하버드경영대학원의 케이스 스터디에 KT의 네트워크 혁신 전략 '기가토피아'가 포함되는 것을 앞두고 하버드대 측의 초청으로 성사됐다. 그는 차세대 통신산업의 동력으로 지능형 네트워크(Intelligent Network)를 제시했다. 지능형 네트워크는 유·무선망으로 정보를 전달하는 수준을 넘어 융합 솔루션을 제공하는 네트워크를 말한다.

그는 "전 세계 통신사업자는 단순히 네트워크 인프라만 제공하는 '덤 파이프(Dumb Pipe)' 사업자로 전락할지 모른다는 위기의식이 있다. 그러나 KT는 덤 파이프 위기에서 벗어나려고 다른 분야를 기웃거리는 대신에 네트워크 본연의 가치를 높이기 위한 혁신을 추진 중이다"라고 주장했다. KT의 네트워크 혁신은 속도, 안전감시, 빅데이터, 보안 등 4가지 영역으로 나뉜다고 설명했다. KT는 인터넷 속도를 10배 향상한 '기가 인터넷', 인명구조와 미아찾기 등이 가능한 위치정보 기반 기업용 마케팅 솔루션 '기가 지오펜싱', 조류 인플루엔자의 확산 경로를 90% 이상 예측하는 성과를 거둔 빅데이터 분석 등의 성과를 설명했다. 그는 또 2020년이 되면 네트워크 속도는 10배 빨라질 것이고 빅데이터, 안전감시, 보안 등도 10배 향상될 것이라고 내다봤다.

과거에 한 언급을 시간이 지난 뒤에 반추해보는 것은 괴롭지만 흥미로운 발견인데, 2016년 당시의 KT 황창규 회장이 하버드에서 행한 "차세대 동력은 지능형 네트워크" 주제의 강연은 2020년 들어서, 이제 5G 정보통신 인프라의 등장으로 (물론 지금 진행 중이고 또 잘 되어야겠지만), 4G에 비해서 5G는 전송속도가 20Gbps로 이전 세대에 비해 20배가 빠르다는 것이니, 잘 준비된 발언으로 평가된다. 황 회장이 언급한 '조류 인플루엔자의 확산 경로를 90% 이상 예측하는 성과를 거둔 빅데이터 분석'은 필자의 수학과 동문인 당시 KT의 김이식 전무가 연구했던 성과인데, 그 연구 결과로 큰 상도 받았다. 당시 그 동문의 연구 발표를 들어보니, 빅데이터를 활용하는데 법규적으로 정부규제가 너무 많아서 힘들었다고 토로했었다.

이 책의 집필 시기가 전대미문의 코로나바이러스가 글로벌하게 기승을 벌이던 피크였다. 대전염, 팬데믹(pandemic)에 이른 것이다. 이번 코로나바이러스 팬데믹에 대응하는 방역당국의 매뉴얼을 보니, 2015년 메르스 사태에 대해서도 반성·평가·개선이 이루어져 신속하게 정보데이터의 활용 등 IT분야에서의 규제 개혁과 헬스케어 분야에서 신속한 진단 키트 인허가 등으로 대응하여 큰 성과를 이루었다고 평가된다. 한국의 방역 매뉴얼이 전 세계적인 표준이 되었다. 방역당국의 헌신과 국민들의 성숙된 집단지성의 발휘로 슬기롭게 역경을 이겨내면서 글로벌하게 찬사를 받고 또 전 세계에 도움을 주는 바이오 헬스케어와 IT의 강국으로 재평가 받는 계기가 되었다.

한국의 KT는 빌&멜린다 게이츠 재단과 손잡고 차세대 감염병 방역 시스템을 개발한다. 인공지능(AI)와 빅데이터 등 ICT(정보통신기술)를 활용해 제2의 코로나바이러스 사태를 방지하겠다는 취지다. KT는 이번 연구로 AI(인공지능) 기반 감염병 조기 진단 알고리즘과 통신 데이터를 활용한 감염병 확산 경로 예측 모델을 개발한다. 게이츠 재단은 코로나바이러스 팬데믹 와중에서 한국의 ICT 방역 시스템의 성과에 주목했다. 한국은 '자가격리 안전보호 앱'을 통해 모든 자가격리자를 관리하고 정보통신 인프라로 재택근무·온라인 개학 등 사회적 거리두기에 성공했다. 게이츠 재단은 높은 스마트폰 보급률과 5G 인프라를 보유한 한국에서 ICT 감염병 연구를 진행하길 원했다.

다시 '덤 파이프의 역설' 주제로 돌아 와보자. 이 주제는 AT&T, 컴캐스트, 버라이즌, SK텔레콤, KT 등 통신인프라, 즉 네트워크(N) 회사들을 언급할 때 빠질 수 없다. 하버드 경영대학원의 전략 담당 교수로 있는 바라트 아난드(Bharat Anand)의 저서 『콘텐츠의 미래』에서도 언급하고 있다. 원래 이 책의 제목은 *The Content Trap: A Strategist's Guide to Digital Change*로 바라트 아난드가 조어해낸 '콘텐츠 트랩'에 대한 이야기다. 콘텐츠(C) 회사들이 헷징해야할 트랩(함정)에 대한 분석이다. 디지털 트랜스포메이션(digital transformation)에 관심을 두는 CEO들은 꼭 한 번 읽어볼 가치가 있는 책이다. 바라트 아난드는 크레이그 모펏(Craig Moffet)이 제기한 '덤 파이프의 역설(The Dumb Pipe Paradox)'을 소개하면서 케이블 사업자가 피해야할 콘텐츠 트랩에 대해서도 설명하고 있다.

크레이그 모펏은 월스트리트의 애널리스트인데, 2006년에 '덤 파이프의 역설(The Dumb Pipe Paradox)'이라는 제목의 보고서를 발표하였다. 덤 파이프는 말 그대로 '멍청한', '비어있는' 등의 의미로 케이블은 텅 비어있는 것이라는 의미다. 그저 콘텐츠를 전송만 하는 '멍청한 파이프'라는 의미로 케이블 사업자가 듣기에 거북한 뉘앙스를 담고 있다. 통신사업은 부가가치가 나지 않는 사업이라는 의미다. 이것에 대해 크레이그 모펏이 "그렇지 않다!"라고 주장한 리포트다.

케이블사업에 대한 통설은 다음과 같다. 이제는 고객들이 웹을 통해 콘텐츠를 접하는 시대라서 인터넷망 사용료만 내고 케이블 사업자가 제공하는 프로그램 시청료는 내지 않으려 한다. 브로드밴드(광대역 인터넷 통신망)만 사용하고 싶어 한다. 자기가 원하는 것에만 비용을 지불하는 합리적 소비 행태를 보인다. 케이블을 통해 비디오를 보내는 시대가 저물어 가고 있기에 케이블사업자는 비디오 사업을 접는다. (SO가 PP 송출 사업은 접고 단순히 브로드밴드 사업자의 웹을 영업지역의 소비자들에게 연결 제공하는 역할만 한다.) 그저 데이터를 전송만하는 '덤 파이프'에 불과하다. 투자자들은 매출의 60% 정도가 감소되는 이 선택은 최악의 시나리오라고 비판한다.

크레이그 모펏은 이 통설을 비판한다. 덤 파이프가 그리 나쁜 시나리오가 아니라는 것이다. 1) 케이블사업자가 프로그램 제공 사업 부문을 축소시켜서 얻는 비용 절감 효과가 있다. 브로드밴드 연결 사업은 추가 비용이 들지 않는다. 케이블사업자는 인터넷 접속에만 과금을 부과하고 고객들은 자기가 원하는 상품만 구매하는 것이다. 욕망의 이중적 일치인 셈이다. 2) 더 저렴한 설비 투자비용이다. 브로드밴드에는 셋톱박스가 필요 없다. 코트커팅이다. 3) 잠재된 가격 인상과 가격 차별화 가능성이다. 미국의 케이블사업자는 여전히 초고속 인터넷 서비스의 제공자의 위치를 독점하고 있으므로 브로드밴드 가격을 인상할만한 틈이 있다. 그리고 인터넷 사용량에 대비해 소비자별 요금 인상 요인이 있으므로 매출 증대 효과가 있다.

이러한 분석에 기반하여 크레이그 모펏은 덤 파이프 시나리오가 현재 사업 시나리오보다 실질적으로 더 낫다는 결론을 제시한다. 빈 파이프라는 통설을 비판하며 '덤 파이프의 역설(The Dumb Pipe Paradox)'을 주장했다. 아래의 표는 월스트리트의 분석기사다. 컴캐스트가 어떻게 4중플레이(TV·브로드밴드·집전화·무선전화의 번들 상품구성)에서 라이벌인 버라이즌과 AT&T에 대항해서 재미를 보았는 지에 대한 분석기사다. 컴캐스트는 하단의 스몰 번들(홈인터넷과 무선전화)에서 버라이즌과 AT&T에 비해 가격 경쟁력을 보이고 있다. (용량은 논외로 하고) 여기에서도 경쟁전략의 STP가 적용되고 있다.

그래서 바라트 아난드는 케이블사업자들이 코드커팅을 하려는 소비행태의 변화에 대해 "가라앉는 케이블 시청률, 증가하는 케이블 가입비, TV에서 디지털미디어로 옮겨가는 광고수익"으로 표현하는 '최악의 시나리오'는 틀린 분석이라고 주장한다. 콘텐츠 제공자(C)는 자신의 사업을 좁은 범위로 콘텐츠를 중심으로 스스로를 규정해도 괜찮을 수 있지만, 콘텐츠 전송자(N)는 자신이 제공하는 콘텐츠에 기업의 미래가 걸려 있다고 믿으면 안 된다. 이는 훨씬 사악한 콘텐츠 함정에 빠지는 길이다. (우마차에서 자동차로, 그리고 전기차로 바뀐다 하더라고 결국은 모두 도로 위로 다니지 않는가? '덤 파이프'로 말이다!) 이 문제는 언어 사용의 습관에서도 비롯되기도 한다. '멍청한 파이프(Dumb Pipe)'보다도 '부가가치 서비스(Value-added Service)'라고 이름 지으면 좀 더 우아하지 않겠느냐는 이야기다.

물론 바라트 아난드의 '콘텐츠 트랩' 이야기는 케이블사업자의 문제에 한정지어보면 안 된다. 그는 대단히 광범위한 분야들을 종합

How Comcast Stacks Up

Here's how Comcast's quadplay—meaning television, broadband, home phone and wireless phone—compares with similar services from rivals.

COMCAST		verizon✓		AT&T	
Big bundle					
Cable TV with 260+ channels Home Internet with up to 200 mbps Home phone	$160	Cable TV with 425+ channels Home Internet with up to 150 mbps Home phone	$125	DirecTV with 245+ channels Home Internet with up tp 50 mbps Home phone	$115
Unlimited wireless service with 4 lines					
$180		$180		$185	
Total					
$340		**$305**		**$300***	
Small bundle					
Home Internet at 25 mbps	$40	Home Internet at 50 mbps	$55	Home Internet with up to 50 mbps speeds	$40
Wireless with 2GB/mo.	$24	Wireless with 2GB/mo.	$55	Wireless with 3GB/mo.	$60
Total					
$64		**$110**		**$100**	

*AT&T's price doesnt include $25 bill credit for bundling wireless with DirecTV
Notes: Doesn't include smartphone cost or taxes & fees; price for 2 year contract.
Source: the companies
THE WALL STREET JOURNAL.

하여 사용자, 제품, 기능을 연결해야 콘텐츠 트랩에 빠지지 않는다고 분석한다. 그런데 왜 AT&T, 컴캐스트, 버라이즌 등 통신회사들은 N에서 P와 C로 수직 결합을 추진하면서 왕성한 M&A 식탐을 보이는 걸까? 본서의 주제다. P4C 방향으로 가려는 추동이다.

libra

▶▶ 리브라를 꿈꾸는 소셜 미디어 플랫폼의 제국 페이스북

08

소셜 미디어의 제국

본서에서는 SNS(Social Network Service)이라는 용어 대신에 소셜 미디어(Social Media)를 사용한다. 좀 광범위하고 유저 중심의 맥락에서 본다면 '소셜 미디어'라는 용어가 더 적절하다는 생각이다. 글로벌하게도 이 소셜 미디어라는 용어가 쓰이고 있음도 감안해서…….

페이스북의 소셜 미디어 유저의 수는 상상을 초월한다. 아래의 인포그래픽은 2019년 12월 13일의 통계로서 필자가 나름 확인한 비교적 최근의 수치다. (전 세계의 월간 활동 유저 수) 페이스북 24억4,900만 명(Q3 2019), 왓츠앱 15억 명(Jan. 2018), 메신저 13억 명(Sep. 2017), 인스타그램 10억 명(Jun. 2018) 등으로 합산하여 얼추 62억 명이 넘는 유저들이 페이스북 그룹에서 활동했다는 통계다. 물론 여기에는 중복된 유저도 감안해야 할 것이다. 다른 소셜 미디어 유저의 수는 트위터 3

억3,000만 명(Q1 2019), 스냅챗은 3억2,200만 명(Q1 2019) 등으로 비교된다. Q3 2019년에는 28억 명의 사람들이 페이스북 그룹의 소셜 미디어 중 하나를 사용했다는 통계수치다. (매월 평균 22억 명이 사용했다) 그래서 '소셜 미디어의 제국'이라고 칭할만하다.

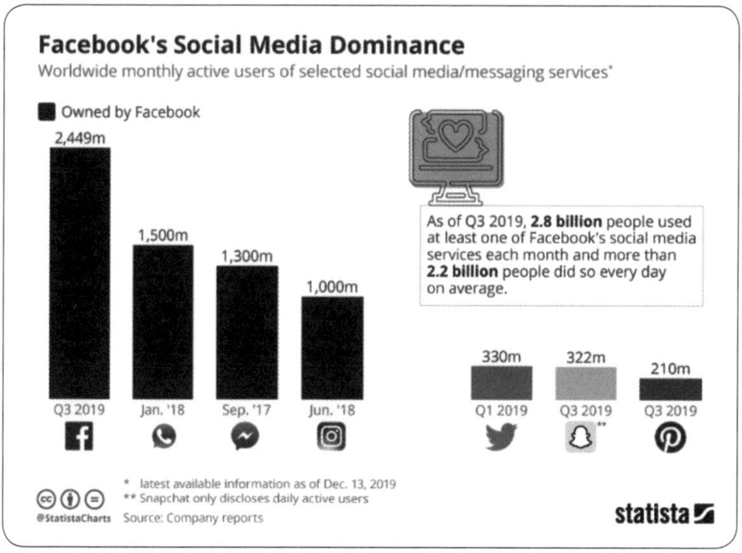

하버드생들의 놀이 - 페이스북의 탄생

마크 주커버그는 하버드대학에서 컴퓨터과학과 심리학을 전공했다. 마크 주커버그는 2학년 가을학기가 시작될 무렵 일주일 밤을 새워 코스 매치(Course Match)라는 웹사이트 만들었다. 학생들의 수강신청 과목을 공개하는 사이트로 과목명을 클릭하면 누가 그 수업을 듣는지 다른 과목은 뭘 선택했는지 알 수 있어 학생들의 뜨거운 환호를 받았다. 2003년 10월 28일 마크 주커버그는 데이트 상대와 싸우고 들어와 자신의 블로그에 비난 글을 올렸다. 그날 밤 내친 김에 하버드 여학생들의 얼굴을 비교하는 페이스매시(Facemash)라는 사이트를 만들었다. 하버드대 보안시스템을 뚫고 다운로드 받은 여학생들의 사진으로 공개투표를 시작하자마자 450명이 가입했고, 금방 방문횟수가 2만2,000건으로 치솟으며 과부하가 걸리기 시작했다. 남학생들의 환호와 여학생들의 저주가 들끓는 가운데 하버드당국은 기숙사 인터넷을 끊어버렸다. 이 일로 마크 주커버그는 퇴학 위기까지 몰렸다. 마크 주커버그는 2004년, 다시 재학생 인맥 쌓기 사이트를 만들었다. 사용자가 사진과 프로필을 자발적으로 등록하도록 유도하여 문제를 피해간 사이트는 단숨에 인기가 치솟았다. 그해 2월 4일에 페이스매시를 '더 페이스북'으로 바꾸었다가 2005년에 지금의 이름인 '페이스북'으로 변경했다.

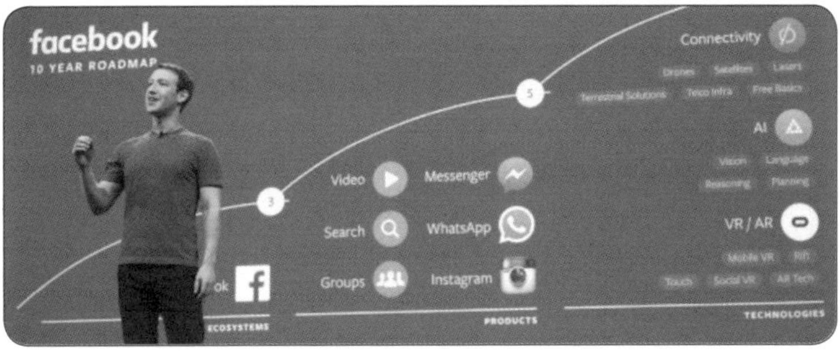

'2019 F8 developers conference'에서 향후 10년 로드맵을 발표하는 마크 주커버그

페이스북의 성장 비결

페이스북의 성장 비결은 탄탄한 플랫폼을 구축한 점에 있다. 2001년 경 대부분의 닷컴기업들이 허술한 비즈니스 모델과 과대광고로 인해 무너지면서 몇몇 소셜 미디어 사이트들이 떠올랐다. 페이스북 등장 이전에 클래스메이츠(Classmates, 1995), 프렌드스터(Friendster, 2002), 링크드인(Linkedin, 2003.5.), 마이스페이스(MySpace, 2003.7.)가 인기를 끌었다. 이 가운데 한국의 싸이월드와 흡사한 마이스페이스가 2008년 4월까지 가장 인기 있었고 이후 페이스북이 앞서갔다.

선발업체가 즐비한 가운데 페이스북이 폭발적으로 성장한 이유는 무엇일까. 2011년 5월 31일 캘리포니아의 랜초 팰로스 버디스에서 열린 D9 콘퍼런스에서 구글의 에릭 슈미트는 4개의 독보적인 기업으로 애플, 아마존, 페이스북, 구글을 선정했다. 여기에 넷플릭스만 더하면 미국 신기술의 아이콘인 '팡(FAANG)'이 된다. 이 4인방의 성장과정은 거의 비슷하다. 가치 있는 브랜드를 구축했으며, 인기 있는 제품과 서비스를 출시했고, 광범위한 추종세력을 만들고, 주주들에게 막대한 이익과 가치를 안겨주었다. 그들은 단숨에 주요기업의 반열에 올랐으며, 전례 없이 빠른 속도로 새로운 제품과 서비스를 출시하고 사업의 전 부문을 혁신했다.

페이스북의 성공 비결은 마크 주커버그가 플랫폼의 중요성을 알았다는 데 있다. 2004년 5월 마크 주커버그가 "마이크로소프트의 윈도우즈와 애플의 매킨토시가 외부에서 만든 애플리케이션을 위한 플랫폼이 된 것처럼 더페이스북을 외부 제작 소프트웨어가 투입될 수 있는 공간으로 만들고 싶다"고 말하자 동업자인 존 카퍼는 "시기상조"라고 답했다. 사용자들이 페이스북에서 많은 시간을 보낼수록 회사의 수익도 늘어난다는 것을 알고 있었던 마크 주커버그는 단순히 많은 기능을 제공하는 것 이상의 무언가를 연구했다. 사용자들의 공통관심사, 배경, 지역을 바탕으로 쉽게 연결할 수 있는 안정적인 사이트 구축이 시급했다. 청년 벤처 사업가 마크 주커버그는 플랫폼의 중요성을 알았던 것이다.

케빈 베이컨의 법칙

2016년 페이스북은 12주년을 맞아 이날을 '친구의 날'로 정하고 유저들 사이의 연관성에 대한 조사 결과를 발표했다. 페이스북이 이용자 16억 명의 네트워크를 조사한 결과 평균 3.57명을 건너면 서로 연결되는 것으로 나타났다. 페이스북 최고경영자(CEO)인 마크 저커버그는 3.17명이었고 최고운영책임자(COO) 셰릴 샌드버그는 그보다 낮은 2.92명으로 나타났다. 이 조사에서 나온 수치는 2011년 페이스북이 코넬대 등과 벌인 조사 때의 3.74명보다 더 낮았다. 당시 페이스북은 7억2천100만 명을 상대로 조사를 했다. 페이스북은 "요약하자면 세상은 당신이 생각하는 것보다 더 좁아지고 있다"고 설명했다. 페이스북의 조사는 전혀 관계없는 사람도 최대 6명만 거치면 다 연결돼 있다는 '케빈 베이컨의 6단계 법칙(Six Degrees of Kevin Bacon)'을 적용한 것이다.

2008년 마이크로소프트(MS) 연구진이 내놓은 이 법칙은 영화배우인 케빈 베이컨이 한 토크쇼에 출연하면서 더욱 유명해졌다. 당시 토크쇼에서 베이컨을 중심으로 두서너 단계를 건너면 웬만한 할리우드 배우들과 연결된다는 사실이 알려지면서 화제가 됐다. 예를 들어 배우 A와 B는 같은 작품에 출연한 적이 있어 서로 잘 안다. 베이컨은 A는 잘 알고 B라는 배우와는 일면식도 없지만 A를 매개로 B와 연결이 된다는 논리다. 케빈 케이건(Kevin Bacon)은 누구? 미국의 영화배우다. 이 배우의 특징은 엄청난 다작 배우라는 것과 장르를 가리지 않는다는 것이다. 액션에 나오기도 하고, 멜로에 나오기도 하고, 스포츠 물, 호러 물에 나오기도 한다. 영화뿐 아니라 TV 드라마 시리즈에 나오기도 하고, 애니메이션 성우도 한다. 주연, 조연, 단역도 가리지 않는 잡식성 배우의 대명사다. 〈13일의 금요일〉(1980), 〈어퓨굿맨〉(1992), 〈일급살인〉(1995), 〈슬리퍼스〉(1996), 〈패트리어트데이〉(2016) 등에 출연했다. 심지어 제이미 올리버의 푸드튜브에도 출연했다. '케빈 베이컨 지수' 같은 것이 나온 것도 케빈 베이컨의 이러한 성향 덕분이다. 모르는 사람과도 평균적으로 6명을 거치면 연결돼 있다는 '케빈 베이컨의 법칙'을 페이스북이 더욱 좁혀놓았다는 것이 페이스북의 자랑이다. 소셜 미디어 분야 비즈니스의 영업비밀인 셈이다.

마크 주커버그, M&A를 거절하다

페이스북은 출발 1년 반 만에 미국에서 10번째로 방문자가 많은 웹사이트에 등극했다. 페이스북의 빠른 성장에 오픈한지 얼마 안 되어 1,000만 달러에 사겠다는 제안이 들어왔다. MTV에서 7,500만 달러에 팔라는 요청도 해왔다. 2005년에는 액셀파트너스가 1,270만 달러를 페이스북에 투자했다. 2006년, 야후로부터 10억 달러의 인수 제안을 받았다. 그러나 주커버그는 "페이스북은 내 아기이기 때문에 보살펴 성장시키고 싶다"며 그 제안을 거절하고 대신 벤처캐피털로부터 2억5,000만 달러를 투자받았다. 야후의 전 CEO 테리 세멀은 "10억 달러를 보고도 흔들리지 않는 사람은 처음 봤다"고 혀를 찼다. 2007년에 마이크로소프트사로부터 페이스북을 인수하겠다는 제안이 왔다. 당시 페이스북 평가금액은 150억 달러(약 17조 원)로 제안을 받아들이는 즉시 주커버그는 억만장자가 될 수 있었지만 단호히 거절했다. 대신 2007년 10월 마이크로소프트는 지분 1.6%를 인수하는 대가로 페이스북에 2억4,000만 달러(약2,600억 원)를 투자했다.

마크 주커버그는 투자를 받을 때 투자금액보다 지분 확보에 더 신경을 썼다. 벤처기업 창업자들이 투자를 받은 후 경영권 방어에 실패해서 쫓겨나는 걸 봤기 때문이다. 마크 주커버그는 '세상을 조금이라도 좋은 쪽, 투명한 쪽으로 바꾸자'는 그의 목표대로 페이스북을 지켜나갔다. 마크 주커버그는 회사를 파는 대신 경영자로서의 능력을 쌓기로 결심했다. 워싱턴 포스트 발행인이었던 도널드 그레이엄을 경영부문 멘토로, 넷스케이프 커뮤니케이션스의 공동설립자인 마크 앤드리센을 기술부문 멘토로 초빙했다. 애플의 스티브잡스와 자주 연락하며 경영자의 자세와 노하우를 배웠다. 2008년에는 구글 글로벌 온라인 운영 부회장을 지낸 셰릴 샌드버그를 COO로 영입했다. 샌드버그 영입 이후 페이스북은 경영이 안정되고 수익구조가 탄탄해졌다. 2012년 5월 18일 페이스북은 나스닥 주식시장에 상장했을 때 1,040억 달러의 기업 가치를 인정받았다.

인스타그램과 왓츠앱을 인수하다

왜 페이스북은 10억 달러까지 주고 인스타그램을 인수했나? 2012년 4월 페이스북은 인스타그램을 10억 달러에 인수하였다. 당시 인스타그램은 창업된 지 16개월밖에 안 되었고 직원 수 13명이고 26세의 청년이 CEO인 사진 공유 애플리케이션 회사였다. 인스타그램의 어떤 점에 페이스북이 끌린 걸까?

물론 지금에 와서 보면 이 M&A는 성공작이다! 2018년 6월 26일 블룸버그 인텔리전스는 사진 및 동영상 공유 소셜 미디어 플랫폼 인스타그램의 기업가치가 1000억 달러(111조 원)를 넘어설 것으로 추산된다고 전했다. 2012년 페이스북이 이 앱을 인수할 당시 지불한 10억 달러(약 1조1000억 원)보다 무려 100배가 뛴 것이다. 월간 활동 이용자 수가 10억 명을 넘어선 인스타그램은 향후 1년 동안 100억 달러의 매출을 올릴 것이라고 블룸버그 인텔리전스는 예상했다. 또 현재의 이용자 증가 추세(분기 이용자 증가율 5%)라면 5년 이내에 월간 이용자 수가 20억 명을 돌파할 것으로 전망했다. 인스타그램은 최근 유튜브를 겨냥한 인스타그램TV(IGTV)도 론칭했다. 블룸버그 인텔리전스는 "인스타그램은 모회사인 페이스북보다 사용자층이 젊기 때문에 광고주에게 더 매력적이다"라고 평가했다.

인스타그램의 셀럽 유저들의 수입도 엄청나다. 왜 모두가 셀럽이 되려고 하는지 궁금증이 풀린다. 프로축구 선수들, 카다시안·제너 패밀리들, 톱모델들이 인스타그램 톱10 인플루언서로 부각되었다. 아래 인포그래픽은 이들의 2018년도 인스타그램을 통한 연간 수입액을 집계한 것이다. 유벤투스 FC의 크리스티아누 호날두(Cristiano Ronaldo)가 4,780만 달러를 벌었다. 이 수입액은 그가 유벤투스로부터 받은 연봉 3,400만 달러를 훌쩍 넘는다. 리오넬 메시(Lionel Messi)도 2,330만 달러를 인스타그램을 통해 벌었다. 빅토리아 시크릿 런웨이에도 피처링하는 패션모델 켄달 제너(Kendall Jenner)도 인스타그램을 통해 연간 150만 달러를 벌었다.

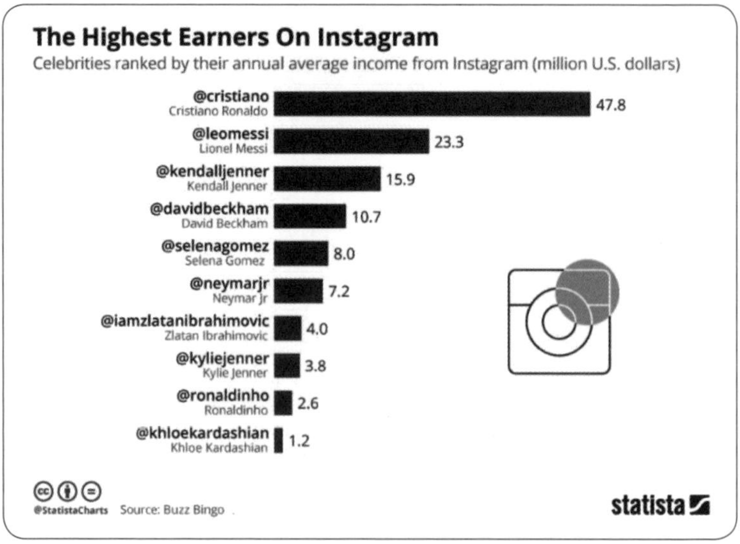

왓츠앱의 경우 2019년 월간 월드와이드 활동 유저들의 수가 2019년에 25억 명에 달했다. 2014년 2월에 페이스북이 190억 달러에 인수할 당시의 월간 유저수가 4억6,500 명이었는데 활동 유저들의 수가 대폭 증가했음을 알 수 있다.

비유기적(inorganic) 성장전략을 택하여 M&A를 추진할 경우 PMI(post-merger integration)가 중요하다. 페이스북의 경우 인스타그램과 왓츠앱의 명칭에 페이스북을 드러내는 방식으로 브랜딩한다. 인스타그램이 '페이스북의 인스타그램(Instagram from Facebook)', 왓츠앱이 '페이스북의 왓츠앱(Instagram from Facebook)'으로 브랜딩한다. 페이스북은 자회사의 제품과 서비스까지도 페이스북의 일원임을 분명히 하여 시너지 효과를 내려는 것이다. 이미 페이스북은 VR 전문 자회사 오큘

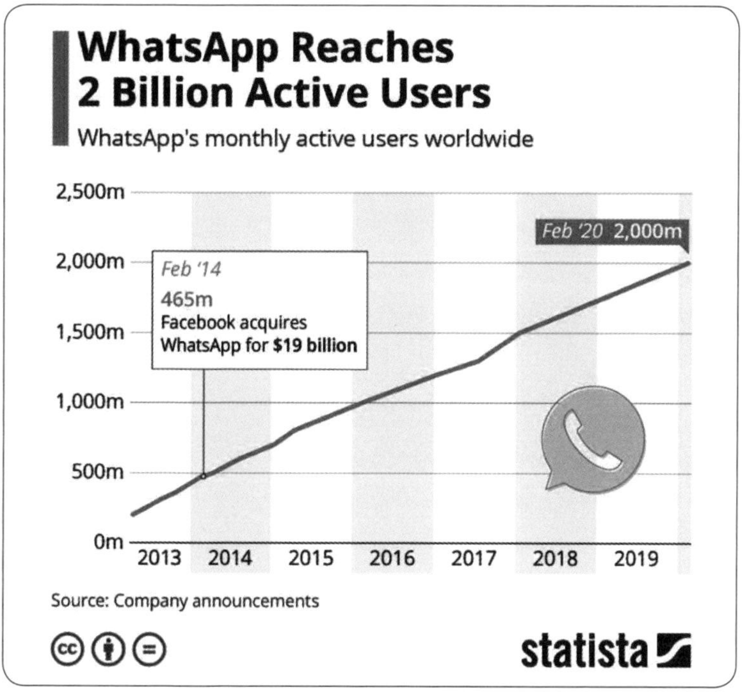

러스에도 '페이스북의 오큘러스(Oculus from Facebook)'로 표시해왔다. 아울러 페이스북은 메신저와 인스타그램, 왓츠앱을 하나로 통합하여 사용자가 25억 명에 달하는 세계 최대 메신저 망으로 하여 시너지를 높이려는 것이다. 사용자와 제품과 기능을 연결하여 '콘텐츠 트랩'을 헷징하려는 경영전략이다.

가상현실(VR) 플랫폼을 향한 꿈

온라인 광고를 넘어 게임에서 새로운 매출 기반을 확보하려는 페이스북의 행보에 가속도가 붙었다. 이를 위해 VR사와 게임사들을 인수하고 있다. 가상현실(Virtual Reality) 소셜 미디어 플랫폼으로 가려는 것이다. 오큘러스VR(OculusVR), 서리얼 비전(Surreal Vision), 플레이기가 등을 인수했다.

오큘러스VR(OculusVR)은 가상현실 하드웨어와 소프트웨어 제품 개발 벤처다. 2014년 3월 페이스북은 오큘러스VR을 현금과 주식으로 23억 달러에 인수하였다. 2015년 오큘러스VR은 3차원 재구성 및 혼합 현실에 집중했던 영국의 스타트업 서리얼 비전(Surreal Vision)을 인수하여 원격현장감을 갖춘 제품 개발을 시작하였다. 2013년 설립된 플레이기가는 그동안 통신사들과 5G용 스트리밍 게임 기술을 개발하기 위해 협력해왔다. 이 회사 솔루션은 기술 회사들이 보다 많은 게임 사용자들에게 다가갈 수 있도록 지원한다. 플레이기가는 인텔 비주얼 클라우드 플랫폼에 기반한 서비스형 게임(gaming-as-a-service) 플랫폼도 개발했다. 이를 통해 통신사와 커뮤니케이션 서비스 업체들이 고객들에게 스트리밍 게임을 제공할 수 있게 해준다. 페이스북 메인 내비게이션 메뉴에 게임 허브를 추가했다. 게임 허브는 트위치, 인스턴트게임스 등과 경쟁하는 라이브 스트리밍 서비스도 포함하고 있다.

또한 앞으로 페이스북은 전 세계 사용자들이 사람과 구분하기 힘든 인공지능(AI)과 소통하게 하겠다는 꿈을 꾸고 있다. 그리고 페이스북은 2020년 베타버전의 멀티플레이어 VR 인터페이스(multiplayer VR interface)를 선보인다. 유저들이 VR게임을 즐길 수 있게 하고 VR로 소셜 미디어 서비스를 제공하고 유저들이 생성해내는 세계를 탐험하도록 한다는 계획이다. 2026년까지 가상현실(VR)을 통해 지인들과 실제 같은 공간에 있는 것처럼 느낄 수 있게 소셜 미디어 플랫폼 페이스북을 구축하는 것이다. 동영상 스트리밍 소셜 미디어 플랫폼 서비스와 함께 바로 VR 소셜 미디어 플랫폼으로 가려는 목표다. 페이스북은 VR 서비스를 통해 광고주들이 VR애드를 붙일 수 있도록 하여 VR 광고 유저들을 창조해나간다는 것이다. 새로운 고객 가치의 창조다. 일론 머스크의 테슬라 전기차가 이 VR애드로 광고된다고 생각해보라! 잠재 고객이 VR로 테슬라 전기차에 시승한다고 생각해보라! 거기에 AR도 덧붙여진다면? 바로 구매력이 올라가는 것이다. 새로운 광고시장이 창조되는 것이다. 고객은 미메시스를 고양하는 미학적 가치를 추구한다. 그것이 필자가 말하는 '미학경영'이다.

이 가상현실(VR)은 또 증강현실(AR, Augmented Reality)로 넘어간다. 판타지라고? 30년 전에 벽돌만한 모토롤라 모바일폰이 등장했을 때도 그것이 대중화될 것이라는 전망에 다들 판타지라고 의심했다! 그 당시에는 30년 뒤에는 모두가 스마트폰으로 OTT를 즐길 것이라고 생각하지도 못했다. 테크놀로지의 발전과 우리의 생활상의 변화는 우리의 예상을 뛰어넘어 빨리 온다!

VR 디바이스 시장에서도 '페이스북의 오큘러스(Oculus from Facebook)'는 소니(SONY)를 바짝 따라붙고 있다. 아래 인포그래픽을 보면, 2019

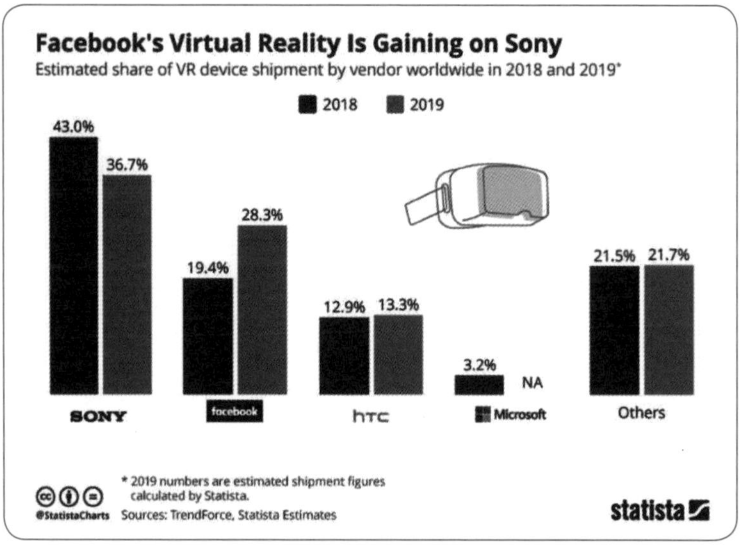

년 글로벌 시장 점유율에서 소니가 36.7%, 페이스북이 28.3%로 전년도에 비해 격차가 좁혀지고 있다. 이 VR 디바이스 시장의 확대는 VR 소셜 미디어 서비스 시대를 열어가고 있다.

암호화폐 리브라의 야망

페이스북은 금융플랫폼으로 가려는 원대하고도 무모한(?) 도전을 한다. 2019년 6월 18일 페이스북은 리브라 발행을 공식적으로 발표했다. 리브라는 별자리 가운데 하나인 천칭자리를 뜻한다. 월평균 이용자 수만 24억 명이 넘는 페이스북의 사이버 공간에서 법정화폐를 대신해서 사용할 수 있는 가상화폐다. 달러, 유로화 등과 일정비율로 교환할 수 있는 스테이블코인이라는 주장이다. 2018년 6월 미국 특허청에 상표권을 등록했다. 페이스북은 스위스 제네바에 기반

libra

을 둔 독립적인 비영리기구 '리브라협회'를 통해 리브라를 관리·감독할 계획이다. 2019년 연말까지 100개 업체를 참여시킬 계획이다. 리브라연합은 100개 회원사를 모아 1천만 달러씩 투자금을 받고, 이들에게 '리브라 투자 토큰(Libra Investment Token)'을 제공할 것이라고 밝혔다. 2019년 5월 2일 스위스 제네바 상업등기소(Geneva Commercial Register)에 새로운 핀테크 기업 '리브라 네트웍스 LLC(Libra Networks LLC)'를 등록했다. 암호화폐 결제 및 투자, 블록체인 신원증명 등을 개발하는 기술기업이다.

Mark Zuckerberg

4시간 ·

Today, Facebook is coming together with 27 organizations around the world to start the non-profit Libra Association and create a new currency called Libra.

Libra's mission is to create a simple global financial infrastructure that empowers billions of people around the world. It's powered by blockchain technology and the plan is to launch it in 2020. You can read more about the association here: https://libra.org

2019년 7월 2일 미국 민주당 하원의원들이 금융시스템에 커다란 위험이 없을 때까지 페이스북이 리브라 프로젝트를 중단해 줄 것을 요청하는 서한을 공식적으로 보냈다. 도널드 트럼프 대통령이 리브라에 대해 매우 강력하게 반대하는 말을 했다. 그 직후 미국 연방거래위원회(FTC)는 여러 가지 이유를 들어 페이스북에 50억 달러의 벌금을 물리는 방안을 승인했다. 마크 저커버그는 돈세탁, 마약거래 등 리브라 악용에 대한 미국 정부의 우려가 불식될 때까지 출시를 연기하겠다고 발표했다. 이로 인해 비트코인 시세가 폭락했다. 미국 상·하원 양원에서 페이스북의 리브라에 관한 청문회를 개최했다. 상원 청문회가 개인 정보 보호와 보안에, 하원 청문회에서는 금융 안정성과 투자자 및 사용자 보호에 초점이 맞춰졌다.

당연히 미국 연방준비제도이사회(FRB)는 리브라에 대해 반대한다. FRB와 리브라, 그 관계는 당연히 트레이드-오프 관계다. FRB 파월 의장은 2019년 7월 10일 의회 청문회에서, 자금세탁 같은 심각한 우려사항을 해결하기 전까지 페이스북이 선보인 가상화폐 리브라의 상용화를 막아야 한다고 지적했다. 규제기관이 이런 우려에 철저하고 공개적으로 참을성 있게 조사해야 한다고 강조했다. FRB는 이를 위해 전담부서를 설치하고 각국 중앙은행과 협의하고 있다. 미국 금융안정감독위원회(FSCO)도 이 조사에 참여할 것으로 예상된다. 페이스북의 대규모 이용자를 고려하면, 리브라는 서비스를 시작할 경우 단기간 내 크게 확산될 수 있다. 따라서 리브라의 취약점은 시스템상의 문제로 이어질 수 있어 규제당국이 이 문제를 체크해서 해소될 수 있도록 신중한 검토가 필요하다는 것이다. 다만 리스크를 제어할 수 있다면 금융혁신을 지지한다고 밝혔다.

도널드 트럼프(Donald Trump) 대통령은 청문회 며칠 후, 페이스북이 추진하는 가상화폐 리브라를 둘러싼 논쟁이 계속되는 가운데, 가상화폐와 리브라에 대해 비판하는 트윗을 연이어 날렸다. 이 트윗은 미국 정부 관련 부처의 공식적인 보고 과정을 접한 후의 반응으로 보인다. 즉 미국 정부의 입장이다. "암호화폐(Cryptocurrencies)는 돈이 아니다. 비트코인과 다른 암호화폐들을 지지하지 않는다. 이것들은 돈이 아니고 그 가치의 변동성이 너무 크고 허공에 토대를 두고 있다. 규제되지 않는 암호화폐 자산 때문에 마약 거래나 다른 범죄 활동과 같은 불법 행위가 쉬워질 수 있다." "유사한 면에서 페이스북 리브라의 '가상통화(virtual currency)'도 위상이나 신뢰성이 거의 없다. 페이스북과 다른 업체들이 은행이 되길 원한다면 새로운 은행 법규를 만들어 다른 국내외 은행들처럼 모든 금융규제를 받아야 할 것이다. 미국에는 진짜 통화가 하나밖에 없는데 그 어느 때보다 강력하고 신뢰성이 있다. 세계 어디에서도 지금까지 가장 지배적이며 앞으로도 그런 위상을 유지할 그 통화는 바로 달러다!" 뭐 이러한 시각과 톤의 발언은 누가, 어느 당 출신이 대통령이 되었다고 할지라도 똑같은 내용의 발언을 하였을 것이다.

화폐는 국가의 현상이다

리브라의 발행은 국가가 독점하는 화폐 발권에 대한 도전으로까지 보일 수 있다. 그런데 흥미로운 점은 지금까지 IT거인들의 OTT 플랫폼 대전쟁을 살펴보았지만 왜 유독 페이스북에 이르러 가상화폐를 발행하는 금융 플랫폼에 이르게 되었을까? 다른 IT기업과 다른 페이스북의 독특한 점이 있는가? '업의 정의'의 문제에 있어서 말이다. 페이스북의 메신저, 인스타그램, 왓츠앱까지 아우르는 소셜 미디어 분야에서의 독점적 지위에 따른 마력이 그러한 야성적 기질(animal spirit)을 유발했을 것이다. 소셜 미디어에서 출발한 DNA가 금융플랫폼으로의 방향성을 내포하고 있다는 생각이다. 위챗·카카오·라인 등이 핀테크를 부가 서비스하듯이 말이다.

페이스북의 리브라는 존 로(John Law, 1671~1729)의 길을 갈 것인가?

한 여자를 두고 벌인 결투에서 상대방을 죽이는 바람에 감옥에 갇힌 스코틀랜드의 살인자로서 탈옥한 그는 프랑스로 건너간다. 영란은행(The Bank of England)의 설립 과정을 기발하다고 생각하고 감탄했던 존 로는 이것을 벤치마킹하여 당시 재정난에 허덕이던 프랑스의 루이 15세의 절대왕정을 유혹한다. 금, 은을 통한 자금 확보가 아닌 국가가 발행하는 '종이화폐'로 자금을 조달한다는 아이디어였다. 왕정의 부채를 다 갚아주겠다고 약속했다. 프랑스판 중앙은행과 '피아트 머니(fiat money)'의 탄생이라는 금융역사의 드라마다. 이것은 세계금융사를 다룰 때, 영란은행의 창립, 저킬 아일랜드의 회합과 FRS·FRB의 탄생, 브레튼우즈 체제의 성립, 1971년의 닉슨 독트린 등과 함께 빠지지 않는 사례다. 이 피아트 머니의 담보물은 '미시시피회사(Mississippi Co.)'였다. 당시 프랑스령이었던 지금 미국 중부의 미시시피강 유역의 자산을 담보로 잡은 것이었다. 당시 미시시피강 유역은 늪지대로 악어들의 영토였다. (그래도 울릉도 인근 동해 바다 속에 침몰했다고 전해지는 러시아 함대 보물선 돈스코이를 담보로 가상화폐를 발행한다던 기발한 아이디어보다는 좀 나은 것이었을 지도 모른다. 국가가 보증하고 미시시피라는 실물이 있었으니까!) 존 로가 그곳에 가보았는가? 물론 아니다. 국가가 보장하는 은행에서 찍어낸 피아트 화폐와 프랑스라는 이름을 등에 업고 설립된 '미시시피 회사'의 주식발행은 사람들을 열광하게 만들었다. 그러나 단기간에 지나친 관심으로 시장이 과열되기 시작했다. 존 로 본인도 통화량 조절이나 국가의 개입 정도 조절 등에 실패하여 미시시피 회사는 결국 붕괴하게 된다. 광기와 탐욕의 끝이었다. 이 이야기는 찰스 킨들버거의 저서 『광기 패닉 붕괴 금융위기의 역사』에서 네델란드의 튤립의 광기와 함께 잘 서술되고 있다.

물론 리브라는 달러 자산과 미국 국채 등 직관적인 가치를 제공할 수 있도록 실제 자산(은행예금과 단기 국채가 포함되는)에 의해, 즉 실제 예비 자산인 리브라 리저브(Libra Reserve)에 의해 가치가 보증된다고 주장하지만, 최종대부자(the last resort)로서의 리저브(즉, 지급준비)를 말하는 지는 모호하다. 아니 불가능한 이야기다. 국가의 중앙은행만이 최종대부자인 것이다. 달러의 시대인 한, Fed가 최종대부자인 것이다.

화폐는 국가의 현상이다.(The money is a phenomenon of state.) 화폐는 국가권력의 표현인 것이다. 국가 혹은 국가 간의 합의에 의해 국제기구에서 발행하는 통화 외에는 화폐라는 단어를 쓸 수 없다. 물론 옛날 폴리네시아 섬사람들은 돌을 깎아 화폐로 썼다. 깊은 바다 속에 빠진 돌도 서로 인정·신뢰하여 화폐로 사용했다. 그것은 그때 그곳의 이야기다. 이 이야기는 시카고대학 통화주의의 거두 밀턴 프리드만이 그의 저서 『화폐경제학』에서 '돌화폐의 섬' 이야기에서 아주 재미있게 묘사하고 있다. (원서명은 『*Money Mischief*』로 '화폐의 폐해'라는 의미다.)

암호·가상 화폐·통화 등 여러 조합으로 혼란스럽게 유행하는 용어는 사실 정확한 용어가 아니다. 블록체인이라는 테크놀로지로 만든 소프트웨어 상품이다. 화폐로 성립되지 않는다. 화폐·통화라고 명명하고 주장하는 것은 사이렌의 노래다! 블록체인 테크놀로지와

화폐는 구분해야 한다. 가상 화폐 발권에서 얻는 이득, 즉 실질가치에서 발행비용을 제한 차익을 의미하는 시뇨리지(seigniorage) 효과는 국가의 것으로 귀속된다. 피아트 머니로서의 화폐는 법정화폐(legal tender)다. 국가의 법으로 강제통용력(強制通用力)이 부여된 화폐다. 페이스북의 리브라는 이것에 도전하는가의 문제이다. 위에서 인용하여 거론하였듯이 미국 정부는 이것을 도전으로 보았다.

여기까지 온 마당에 페이스북에게는 세 가지의 선택의 길이 있는 듯하다.

첫째는 소셜 미디어라는 네트워크의 광장(Squire)에서 출발하여 디지털 타워를 세우려는 '리브라의 욕망'의 도전을 계속 진행할 것인가? (이 "Squire and Tower"의 표현은 '네트워크와 하이어러키'의 변주곡인데, 금융의 역사를 파고들었던 역사학자 니얼 퍼거슨이 실리콘 밸리의 역사·사회·문화적 맥락을 다룬 최근의 저서의 제목과 부제이기도 하다. 광장의 네트워크에서 시작하여 위계적인 타워를 무너뜨린 광장이 다음에는 역설적으로 타워를 세워나가기 시작하더라는 이야기이다.) 아마도 리브라가 이 길은 걷게 되면 고난은 현금이고 영광은 불환의 어음으로 돌아올 지도 모른다. 화폐 발행은 국가의 권력에 도전하는 것이다. 국가의 종언을 주장하는 것과 같다. 페이스북은 리브라라는 '욕망이라는 이름의 전차'에 올라탔다. 글로벌 디지털 금융 플랫폼이라는 절대반지를 쥐기 위해 전진하고 있는 것이다! 계속 전진하는 길이 선택 중 하나다.

둘째는 이 화폐 발권이라는 욕망은 영화 〈반지의 제왕〉에서 나오는 "마이 프리셔스!(My precious!)", '절대반지'와 같은 것이다. 버리지 않으면 용암 속으로 같이 떨어지는 것이고, 버리면 그래도 행복하게 고향으로 되돌아 갈 수 있다. 그렇지 않아도 페이스북에 대한 독점금지법 이슈가 미국 정계에서 당파 불문하고 등장하고 있다. 원래 국가라는 권력은 특정 민간에 의한 네트워크 인프라 독점을 싫어한다. 그런 민주주의의 컨센서스가 있다. 망의 지배를 받고 싶지 않은 것이다. 앞장에서 살펴보았듯이 AT&T가 독점금지법 위반으로 분할되는 '고난의 드라마(passion drama)'의 역사를 걸었다. 국가가 왜 통신 인프라에 대해 독점을 금지하고 '망 중립성'을 고집하는지에 대한 답이다. 물론 이 망 중립성 정책에도 많은 문제점이 있다. 트래픽을 유발하는 대형 디지털 기업에 대한 초과비용 부과에 대한 어려움과 이에 따른 망사업자의 신규투자 망설임의 문제다. 특히 지역분할적인 독점일 경우에 말이다. 버라이즌이 소비자들로부터 (느려터지고 불친절하다고) 하도 욕을 먹어서 브랜드를 Xfinity(엑스피니티)로 개명한 이유라고도 전해지니 말이다.

셋째는 위챗의 비즈 모델과 같이 고객기반 핀테크를 부가하는 정도의 겸손한 확장으로 가는 길이다. 이 길은 아메리칸 익스프레스의 21세기판 디지털 버전이다. 아메리칸 익스프레스는 최초 설립 당시에는 화물 운송업을 주 업무로 하였으나 1882년 Money Order 사업, 1891년 여행자 수표 사업, 1958년 신용카드 사업에 뛰어들면서 금융업으로 전환되었다. 은행업도 영위하였으나, 2007년 10월 미국

내 은행 업무를 영국 스탠다드차타드 은행에 넘겼다. 애플도 애플카드 정도의 서비스를 부가하는 정도로 가고 있다. 물론 페이스북과 애플은 DNA가 다르지만….

페이스북의 야망, 리브라는 어떤 길을 갈 것인가? 더 좋은 길이 있는가?

Microsoft Azure

마이크로소프트가 클라우드로 향하는 까닭은?

09

마이크로소프트의 부활

마이크로소프트는 윈도우를 통해 전 세계 PC 운영체제 시장의 무려 79.46%를 점유한다. 데스크톱 시장 점유율은 90% 정도다. OS 뿐만이 아니라 MS오피스는 사실상 비즈니스 업계의 표준이다.

빌 게이츠(Bill Gates)와 폴 앨런(Paul Allen)은 함께 마이크로소프트를 창업했다. 초기 마이크로소프트는 알테어용 베이직 인터프리터로 이름을 날리기 시작한다. 그러다가 몇 년 뒤 IBM에서 처음으로 PC를 출시할 때, 마이크로소프트는 IBM에 PC용 운영체제를 공급하기로 계약한다. 그래서 시애틀 컴퓨터의 Q-DOS를 인수하고 이름도 MS-DOS로 바꾼 뒤 팔아 떼돈을 벌었다. 어쨌거나 그가 IBM과 맺은 계약은 컴퓨터 역사상 가장 큰 영향을 끼친 계약이라고 불린다.

빌 게이츠는 2,000년 최고경영자(CEO) 자리를 스티브 발머에게 넘겨주고 2선으로 물러났다. 이후 회장직과 더불어 최고 소프트웨어 아키텍트(Chief Software Architect) 직책을 신설하여 맡았다. 2006년 이 직책을 레이 오지에게 넘겨주면서 사실상 은퇴 준비 작업에 착수했다. 2008년 마이크로소프트 회장직에서 은퇴했다. 최근에는 이사회 의장 자리도 존 톰슨(John Thompson)에게 물려주고 인류를 질병에서 구하는 헬스케어 분야에 시간 투자를 많이 하고 있다. 요즘 코로나 바이러스 팬데믹에 대한 그의 활약과 발언이 종종 들린다.

빌 게이츠의 은퇴 이후 스티브 발머(Steve Ballmer)는 2000년부터 2014년까지 마이크로소프트의 CEO로 있었다. 공식적으로 마이크로소프트에 입사한 연도는 1980년으로 되어 있으나, 사실상 빌 게이츠가 회사를 창업할 때 같이 시작한 스타팅 멤버 중 하나다. 빌 게이츠가 하버드 대학을 중퇴한 것으로 유명한데, 스티브 발머도 같은 서클 활동을 하다 중퇴하고 마이크로소프트에 합류했다. 실질적으로는 빌 게이츠가 물러난 2006년부터 2014년까지 마이크로소프트를 이끌었다. 현재는 농구 클럽인 LA 클리퍼스의 구단주가 되었다. 본인이 좋아하는 분야로 돌아간 것이다. 그는 여전히 마이크로소프트의 대주주다.

2008년부터 컴퓨터 시장이 축소되고 2011년을 변곡점으로 마이크로소프트의 역성장 시작되었다. 스티브 발머는 윈도우 비스타를 자신의 실수로 꼽으면서, 비스타를 수습하고 극복하는 과정에서 마이크로소프트가 모바일 시대에 적응할 좋은 시기를 놓쳤다는 것을 이후 상당히 아쉬워했다. 스마트폰 시대에서 소외된 것이다. 그가 이것을 단번에 극복할 방법으로 꺼내든 카드가 바로 노키아를 인수한 것이었다. 윈도우폰 장치들을 제대로 만들고 있는 사실상의 유일한 회사인 노키아를 M&A해서 모바일 부문으로도 진출하려는 계획이었는데 이 계획이 오히려 그에게는 독이 되었다. 그 당시 스티브 발머는 "애플의 아이폰은 핸드폰 시장에서 절대 큰 시장 점유율을 가질 수 없다. 기회조차 없을 것이다."라고 언급하기도 했었다. 또 "e메일을 보내는데 있어 터치스크린도 좋은 방식이다. MS 역시 터치스크린 방식의 기기를 갖고 있다. 그러나 타이핑하는데 사람들에게 선호되는 것은 키보드다."라고 강조하기도 했었다. 스티브 발머가 바보 같은 소리를 했다는 것이 곧바로 증명되었다. 그 당시 IT분야의 변화 흐름은 급격하였다.

현재 마이크로소프트(MS)는 제2의 전성기를 누리고 있다. 아래 표는 마이크로소프트의 장기 주가 그래프다. 2000년 피크에서 빌 게이츠가 CEO에서 내려오고 그 뒤에 스티브 발머가 CEO를 맡은 기간 내내 하락 조정을 겪다가 2014년 2월 5일부터 사티아 나델라(Satya Nadella)가 CEO를 맡으면서 본격적으로 상승세로 돌아섰다. 참 흥미로운 현상이다. 사티아 나델라의 시대에 마이크로소프트는 시가총액 1위에 올라섰다.

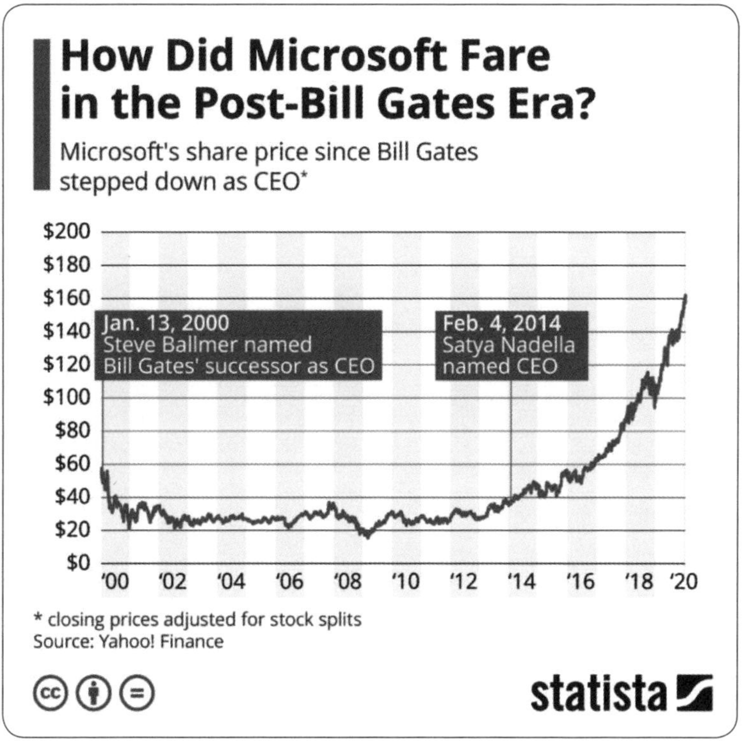
How Did Microsoft Fare in the Post-Bill Gates Era?
Microsoft's share price since Bill Gates stepped down as CEO*
$200
$180
$160
$140
$120
$100
$80
$60
$40
$20
$0
Jan. 13, 2000
Steve Ballmer named
Bill Gates' successor as CEO
Feb. 4, 2014
Satya Nadella
named CEO
'00
'02
'04
'06
'08
'10
'12
'14
'16
'18
'20
* closing prices adjusted for stock splits
Source: Yahoo! Finance
statista

마이크로소프트 CEO 사티아 나델라

2014년 2월 5일 스티브 발머가 사퇴하고 새로운 CEO로 내부 인사인 사티아 나델라(Satya Nadella)가 선임되었다. 그는 마이크로소프트 애저(Azure)의 총책임자로 기업용 시장에서 MS의 새로운 캐시카우를 만들어냈다고 평가받는다. 2014년 취임 이후 개방 정책, 클라우드 퍼스트 전략으로 마이크로소프트를 새로운 전성기로 이끈 CEO다. 공격적으로 클라우드 사업에 집중하여 아마존닷컴의 AWS와의 양강체제를 구축하고, 윈도우10을 무료로 배포하여 최대한 빨리 점유율을 끌어 올리는 등의 초강수를 두며 마이크로소프트가 IT업계 일대 변혁의 막차에 올라탈 수 있도록 했다.

요즘 사티아 나델라는 미국 디지털 비즈니스 분야에서 핫한 인물이다. 그가 CEO가 된 후로부터의 마이크로소프트의 성과가 그

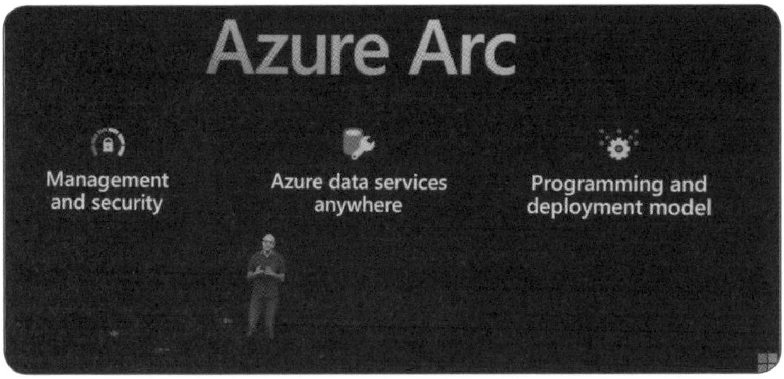

'Microsoft Ignite 2019'에서 사티아 나델라가 애저(Azure)에 대해 설명하고 있다

의 가치를 입증하고 있다. 아래의 그래프는 사티아 나델라 시대의 마이크로소프트의 성장을 나타낸 것이다. 경쟁 상대인 애플과 비교된다. 그리고 스티브 발머의 시대와 사티아 나델라 시대를 극명하게 대비시키고 있다. 사티아 나델라는 마이크로소프트를 클라우드와 서비스 분야로 확장시켰다. 마이크로소프트를 IT산업 분야를 리딩하는 파워하우스로 더 강하게 부활시킨 것이다. 연간 $40b의 매출을 올린 것이다. 사티아 나델라가 CEO가 된 후 5년간 마이크로소프트는 327% 성장한 것이다. 동 기간 애플의 성장률은 212%였고 S&P 500 index는 71% 성장하였다. 마이크로소프트가 소위 마프(MAAAF) 시대의 리더로 등장한 것이다.

이용자가 6억6천만 명인 구인구직 서비스인 링크드인(Linked In)을 M&A한 것도 현재는 성공작으로 평가된다. 그리고 x클라우드도 출시하여 구글의 스타디아(STADIA)와 클라우드 게임에서도 한판 승부를 벌리고 있다. 물론 사티아 나델라는 소비자로부터 신뢰를 되찾기

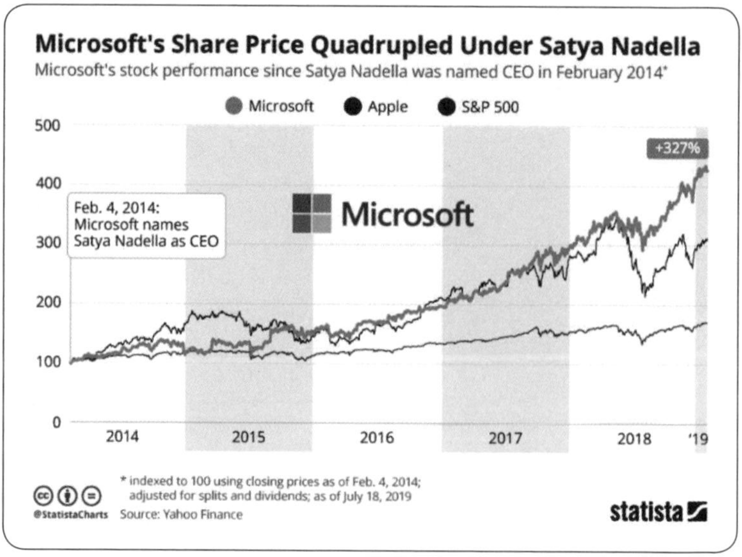

위한 전략도 펼쳤다. 윈도 비스타와 윈도8이 부정적인 평가를 받자 윈도10을 시장에 내놓으며 기존 윈도 이용자라면 무료로 윈도10으로 업그레이드할 수 있도록 했다. MS오피스에 구독(Subscription) 모델도 도입했다. 고객이 매달 일정 금액을 지불해 사용하고 새로운 버전이 나오면 자동으로 업데이트를 받는 구독 방식을 채택한 것이다. 아래의 인포그래픽에서 볼 수 있듯이, 마이크로소프트 윈도의 시장 독점은 압도적이다. 이 기반 위에 마이크로소프트는 클라우드를 토대로 하여 디지털 플랫폼으로 진군하고 있는 것이다. 이 시장 점유율을 클라우드 기반 윈도10으로 재정리하면서 신세기를 열어가고 있는 것이다.

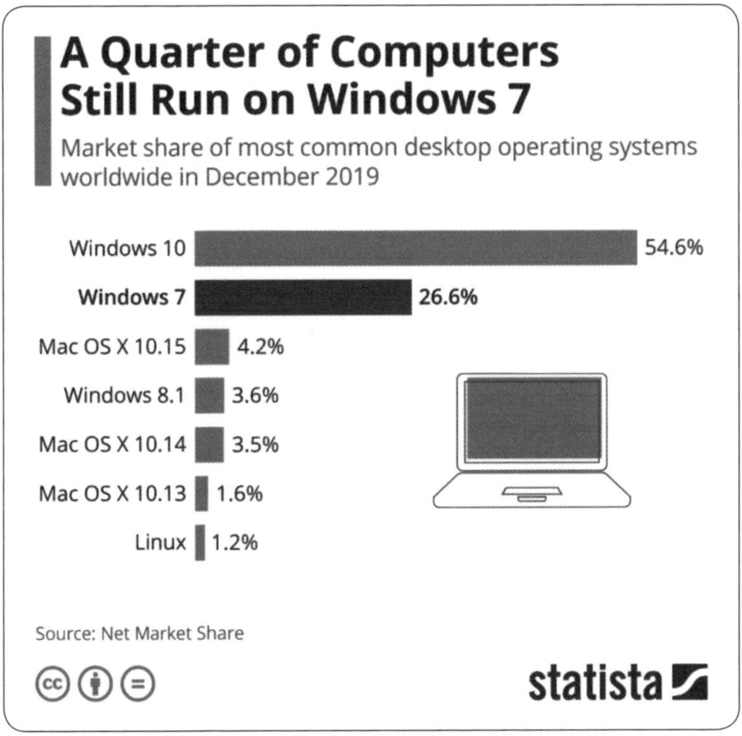
A Quarter of Computers Still Run on Windows 7
Market share of most common desktop operating systems worldwide in December 2019
Windows 10
54.6%
Windows 7
26.6%
Mac OS X 10.15
4.2%
Windows 8.1
3.6%
Mac OS X 10.14
3.5%
Mac OS X 10.13
1.6%
Linux
1.2%
Source: Net Market Share
statista

비밀병기 클라우드

MS 클라우드 사업 부문은 매년 가파른 성장세를 이어가는 중이다. 2014년 사티아 나델라는 CEO에 취임 이후 클라우드 사업을 키우는 데 역량을 집중했다. 영업직원이 클라우드 제품을 판매하는 데 공을 들이도록 인센티브 구조를 바꾸고 레드햇, 세일즈포스, 드롭박스, 아마존을 비롯한 경쟁 기업과 파트너십을 맺었다. 마이크로소프트의 클라우드 서비스 애저(Azure)는 아마존웹서비스(AWS)에 이어 글로벌 시장점유율 2위다. 2019년에 엄청난 호재가 터졌다. 마이크로소프트 애저(Azure)가 아마존웹서비스(AWS)를 제치고 100억 달러 규모의 펜타곤 클라우드 서비스 공급계약을 체결한 것이다. 아래의 인포그래픽에서 볼 수 있듯이, 마이크로소프트의 Q2 2020년 클라우드 부문 매출은 $11.9b, 영업이익은 $4.59b에 달하는 것으로 추정된다. 마이크로소프트 매출 중에 클라우드 부문이 차지하는 비

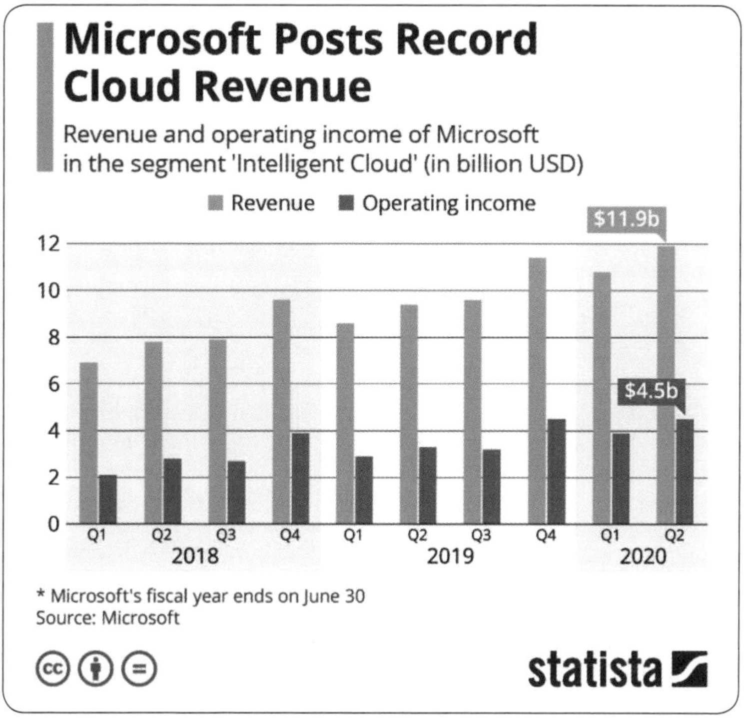

율이 32%에 달한다.

아래의 인포그래픽이 보여주듯이 클라우드 시장은 계속 성장하고 있다. 3년 만에 3배로 성장했다. 클라우드는 유저들이 인터넷으로 정보를 저장하고 접근할 수 있도록 해주는 서비스로 스트리밍 시대가 성숙되면서 그 시장이 점점 더 커지고 있다. 클라우드 시장에서의 경쟁이 격화되고 있는데 마이크로소프트가 적기에 이 부문으로 진출한 것이다.

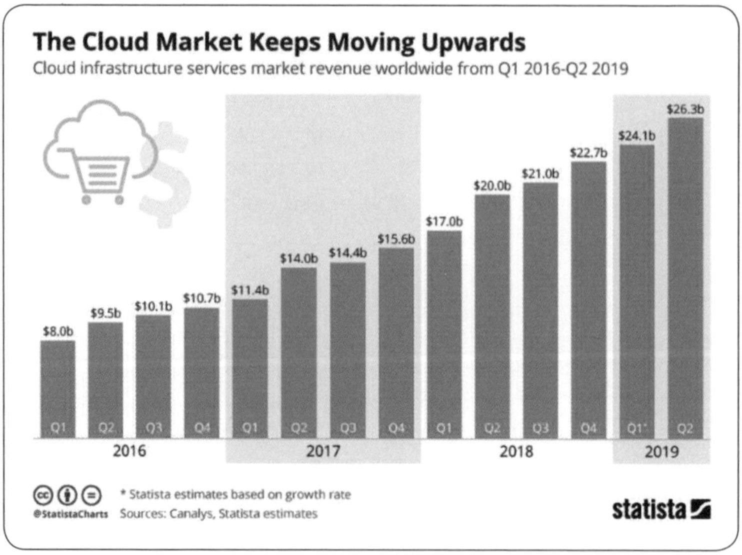
The Cloud Market Keeps Moving Upwards
Cloud infrastructure services market revenue worldwide from Q1 2016-Q2 2019
$8.0b
$9.5b
$10.1b
$10.7b
$11.4b
$14.0b
$14.4b
$15.6b
$17.0b
$20.0b
$21.0b
$22.7b
$24.1b
$26.3b
Q1 Q2 Q3 Q4 Q1 Q2 Q3 Q4 Q1 Q2 Q3 Q4 Q1* Q2
2016
2017
2018
2019
@StatistaCharts
* Statista estimates based on growth rate
Sources: Canalys, Statista estimates
statista

클라우드 게임 플랫폼 xCloud

그 다음으로 마이크로소프트가 향하는 곳은 어디일까? 클라우드 게이밍은 스마트폰, 태블릿 등 모바일 환경에서 무선 네트워크를 기반으로 실행되기 때문에 지연속도(latency) 최소화가 핵심이다. 여기에는 얼마나 데이터센터 리전(region)을 보유하고 있는가가 경쟁우위로 직결된다. 이 점에서 물리적으로 글로벌 최대 데이터센터 커버리지를 확보한 마이크로소프트가 경쟁우위를 갖는다. 마이크로소프트의 데이터센터 리전은 총 54개로 아마존(21개)과 구글(20개)에 비해 경쟁우위에 있다. 따라서 현재 마이크로소프트의 클라우드 게임 플랫폼인 xCloud가 구글 STADIA에 비해 레이턴시 최소화 측면에서는 경쟁우위에 있다고 볼 수 있다. 이는 GDC2019에서도 확인되었다.

클라우드 게이밍 시장은 확장일로에 있다. 점점 PC게임을 대체

해가고 있다. 2019년 3월 구글이 아마존닷컴의 트위치에 대항하여 스타디아(STADIA)를 론칭하였다. 마이크로소프트도 클라우드 게임 플랫폼인 xCloud를 론칭하였다. 게이머들은 클라우드로부터 비디오 게임을 다운받아 스트리밍으로 어느 곳에서든지 어느 디바이스(스마트폰, TV, PC 등)로든지 클라우드 게임을 즐길 수 있다. 비즈니스 측면에서 본다면, 클라우드 게임은 높은 고객 충성도와 투자효율에서의 수익률 증대를 가져올 수 있다. 아래의 인포그래픽은 클라우드 게이밍 시장 규모인데, 2017년에 약 $45m 정도로 추정된 시장 규모가 6년 안에 약 $450m로 10배 정도 성장할 것으로 예상된다.

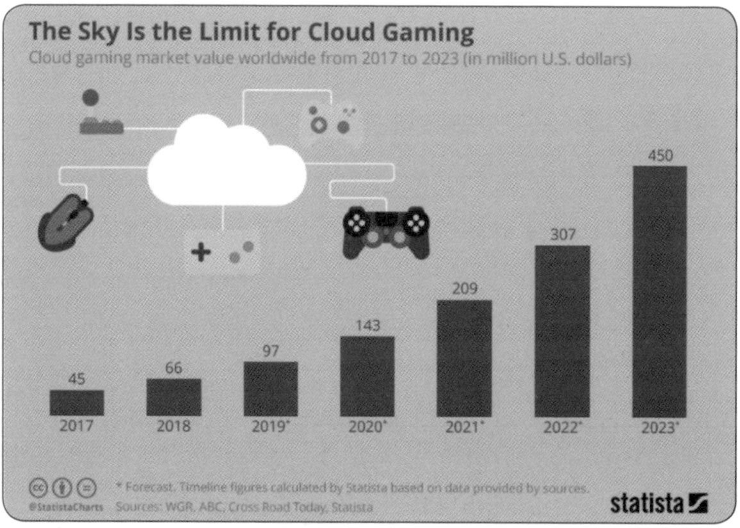

빌드 2020

마이크로소프트는 2020년 5월 19일에 연례 개발자 컨퍼런스인 '빌드 2020(Build 2020)'을 온라인으로 개최했다. 코로나바이러스 팬데믹 때문에 온라인으로 개최한 이 행사에는 전 세계에서 10만 명 이상이 등록하여 대성황을 이뤘다. 개발자들을 위한 애저, 인공지능(AI), 마이크로소프트365 기반의 새로운 기술과 서비스를 공개했다. 이 행사는 CEO 사티아 나델라의 기조연설로 시작했다. 그는 "최근 2개월 사이에 2년 동안 진행될 수준의 디지털 트랜스포메이션이 이뤄지는 것을 목격했다"고 언급하며, 세계적인 코로나바이러스 팬데믹에서 디지털 기술이 위기를 극복하는 데 얼마나 중요한 역할을 하는지를 강조했다.

마이크로소프트는 1Q 2020년에 코로나바이러스 팬데믹 중에도 매출이 크게 증가했다. 재택근무, 원격 수업 등 언택트(untact) 환경이 강조되면서 클라우드 컴퓨팅 등 인터넷 서비스 수요가 늘어난 덕분이다. 1분기 매출액이 작년 동기보다 15% 증가한 350억 달러(약 42조 4,000억 원)로 집계됐다. 이는 월가 전망치 337억6,000만 달러를 웃도는 실적이다. 클라우드 사업 매출이 59% 증가하며 실적을 견인했다. 재택근무가 증가하며 클라우드 컴퓨팅 수요가 늘어나고 있다. MS의 PC 사업과 게임콘솔(엑스박스), 노트북PC(서피스) 등의 매출도 증가했다. 그런데 중요한 점은 이러한 흐름이 앞으로도 더 강화될 것이라는 전망이다. 이들 디지털 플랫폼 기업의 주가 상승은 매출 증대와도 동반되고 있다는 사실이다.

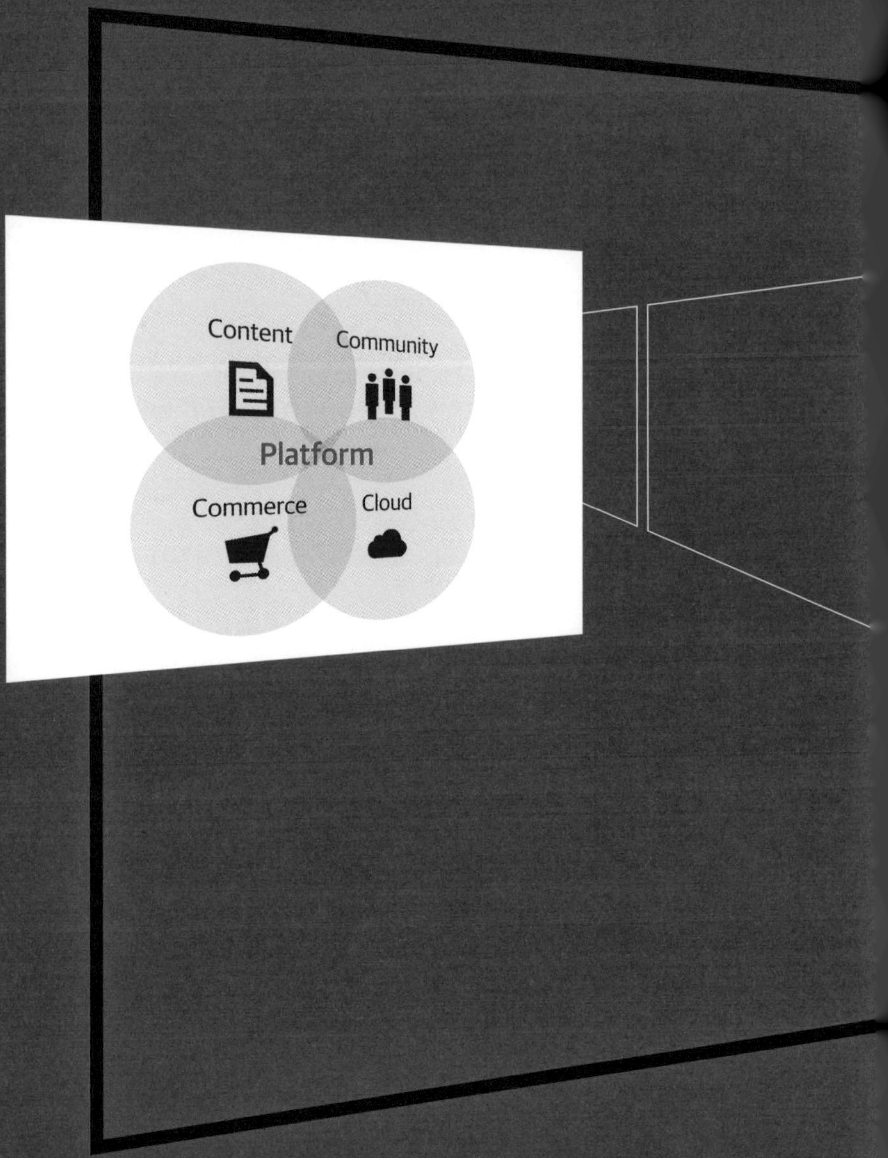
Content
Community
Platform
Commerce
Cloud

▸▸ 디지털 트랜스포메이션 모델 'P4C'에 대하여

보론

IT거인들의 성장세

아래의 인포그래픽은 2020년 2월 11일 기준의 'S&P 500 index'에서의 마켓 밸류에이션을 나타낸 것이다. 기술주 톱5가 선두에 있다. 마이크로소프트(M), 애플(A), 아마존(A), 알파벳(A), 페이스북(F)의 순서로 시가총액이 높았다. 소위 이 IT거인들의 앞머리 글자를 합친 마프(MAAAF)의 시대가 도래한 것이다. 물론 이 순서는 엎치락뒤치락한다. 주로 마이크로소프트(M)와 애플(A)의 순위 바꿈과 아마존(A)과 알파벳(A)의 순위 바꿈이 치열하다. 5개 회사의 시가총액을 합하면 약 5조5,430억 달러니 약 6,762조 원에 달한다. 마이크로소프트(M)나 애플(A)의 시총은 한국 주식시장의 시총을 넘나든다. 이 톱5에 비해 오바하 현인의 투자회사 버크셔 헤더웨이(Berkshire Hathaway)나 JP모건체이스(JPMorgan Chase)는 뒤로 처지고 있다. 최근 S&P 500의 시총 합이 약 $27t 정도니 이 톱5가 거의 20%를 차지한다고 볼 수 있

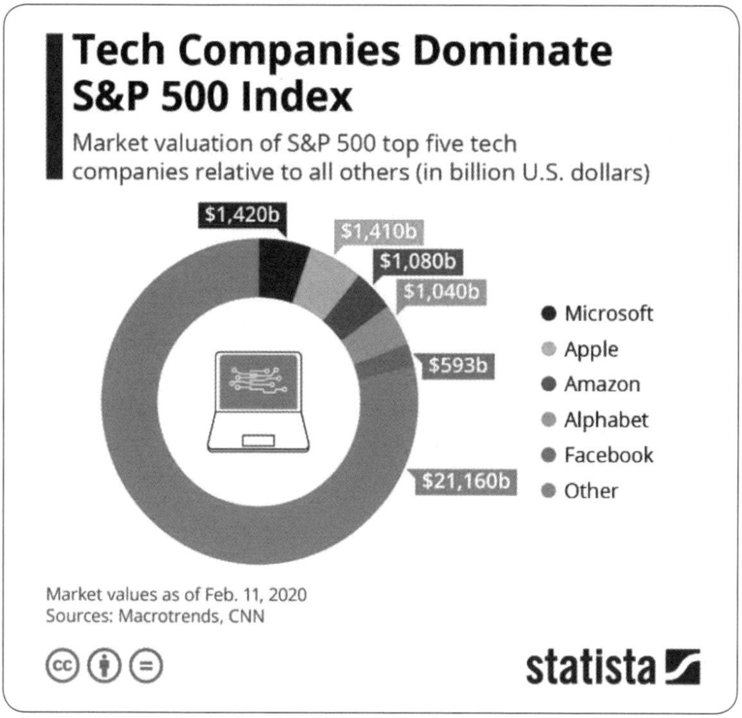

다. 시간이 갈수록 톱5에 투자자의 시선이 집중되고 있다. 과연 이들의 성장은 어디로부터 오는 것인가? 단지 거품일까?

전 세계를 강타한 코로나바이러스 팬데믹의 와중에도 역설적으로 IT거인들의 성장세가 유지되고 있다. 재택근무, 원격교육 등 사회적 거리두기가 강조되는 언택트(untact) 환경에서 디지털 트랜스포메이션에 성공한 디지털 플랫폼 기업들의 성장세가 두드러진다. 사티아 나델라 마이크로소프트 CEO는 Q1 2020년 실적 발표 후 가진 기자회견에서 다음과 같이 언급한다.

"코로나19는 업무와 생활 모든 측면에 영향을 끼친다. 우리는 최근 2개월 동안 2년 동안에 걸쳐 이뤄질만한 혁신이 일어나는 걸 경험했다. 원격 팀워크나 학습부터 영업 및 고객 서비스에 이르기까지, 또 클라우드 인프라 및 보안에 이르기까지, 우리는 매일같이 고객들을 돕기 위해 원격으로 지원하고 있다. 모든 솔루션 영역에서의 수요 급증과 시스템 영역에서 구조적 변화가 동시에 일어나고 있다. 이는 앞으로 우리가 사는 방식과 일하는 방식을 정의하게 될 것이다."

아래의 인포그래픽이 그것을 나타내고 있다. Q1 2019년과 Q1 2020년을 비교해볼 때, 코로나바이러스 팬데믹의 와중에 항공, 호텔체인, 외식업 등 서비스업과 자동차, 석유화학 등 제조업의 성장세가 급락했음에도 디지털 플랫폼 거인들의 선방 내지 성장세가 두드러진다. 마이크로소프트는 전년도 대비 매출이 $4.4b(약 5조3,680억 원)이 증가해 +15%의 성장을 보였다. 무엇보다도 아마존닷컴의 성장세가 두드러진다. 전년도 대비 매출이 $15.8b(약 19조2,760억 원)이 증가해 +26%의 성장을 보였다. 이와 함께 애플(+1%), 알파벳(+13%), 페이스북(+18%) 등 마프(MAAAF)의 성장세가 돋보인다.

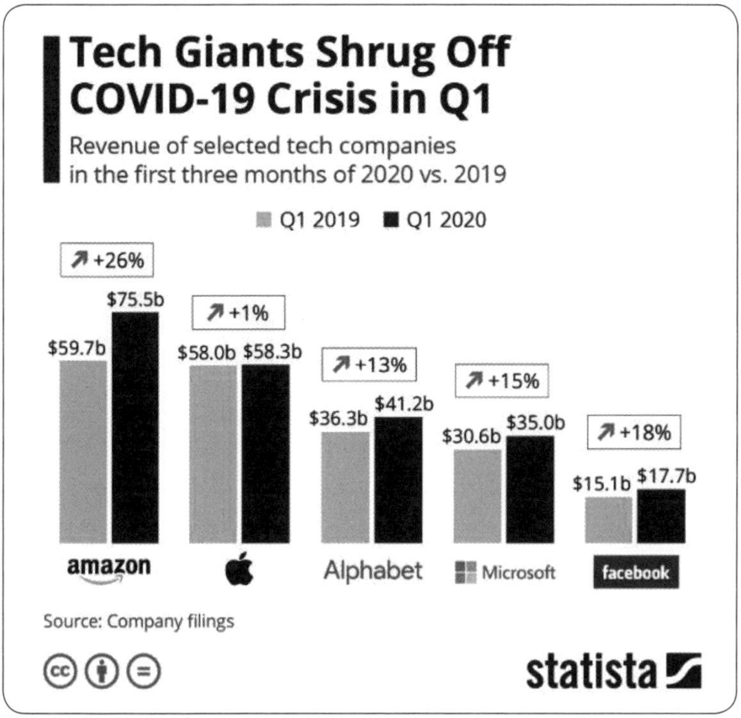
Tech Giants Shrug Off COVID-19 Crisis in Q1
Revenue of selected tech companies in the first three months of 2020 vs. 2019
Q1 2019
Q1 2020
+26%
$59.7b
$75.5b
+1%
$58.0b
$58.3b
+13%
$36.3b
$41.2b
+15%
$30.6b
$35.0b
+18%
$15.1b
$17.7b
amazon
Alphabet
Microsoft
facebook
Source: Company filings
statista

디지털 트랜스포메이션 모델 P4C

'디지털 트랜스포메이션(digital transformation)'에 대해 시론적일지라도 거론해보고자 한다. 필자가 이 책을 집필하는 내내 머릿속에서 떠나지 않는 궁금증들이 있었다. 과연 이들 마프(MAAAF)의 비즈 모델을 무엇으로 정의(definition)할 수 있을까? 아마존닷컴이나 알파벳은 스스로의 비즈 모델을 무엇으로 정의하고 있는가? 그들은 어느 방향으로 가고자하는가? 설령 그들 자신은 현재 그 길이 무엇인지 모른다고 하더라도, 필자는 그들의 방향이 어느 쪽이라고 통찰할 수 있을까? 마치 영화 〈패스파인더(Pass Finder)〉에서의 대사처럼, "우리들이 가야하는 방향은 이쪽이야!"라고 말이다. 시총 1천조 원들의 쟁투인 천조대전(千兆大戰)의 성배(聖杯, holy grail)는 무엇일까?

그 방향은 플랫폼(P)으로 향한다. 애플도 이 방향으로 진로를 튼

것같이 보인다. 영원히 디바이스(D)의 명가로만 남을 수는 없을 것이다. 고객을 창조하고 고객에게 가치를 주고 그 가치가 과연 무엇일까를 탐구하는데 게으른 순간 천조대전에서 탈락할 것이기에 말이다. 페이스북도 이 레이스에서 부지런히 따라가고 있다. 마이크로소프트도 예외가 아니다. 이들 마프(MAAAF)는 디지털 비즈 모델 'P4C'로 향한다. 전통적으로 네트워크(N)와 콘텐츠(C)의 영역에 있었던 기업들도 마찬가지로 플랫폼(P) 방향으로 향한다.

그렇다면 업을 정태적으로 정의하려는 시도는 어려움에 봉착한다. 동적인 정의가 필요하다. 아니 정의(definition)라는 것 자체도 다이내믹하다. 이 용어 'P4C'는 이 책의 저술 과정에서 궁금증으로 계속 필자를 사로잡았던 그 방향성에 대한 탐구의 결과로 주조된 것이다. 그래서 아직 설익고 정확성·적절성이 부족할지 몰라도 시론의 성격으로서 보론으로 추가하는 것이다. 이런 시도를 너무 주저한다면, 발전은 없는 것이니까! (이 대목에서 필자가 마치 Concept Venturer 같다는 생각이 든다.)

OTT의 시작은 케이블과 인터넷 스트리밍에서 시작하였지만 이제는 그 개념과 대상이 훨씬 더 넓어졌다. 미디어 콘텐츠뿐만아니라 이커머스, 클라우드, 전자화폐까지도 실물을 대체하며 가상화, 사이버화로 이어지고 있다. OTT 전쟁이 플랫폼 전쟁으로 확대·진화된 것이다. 또한 5G의 경우 표준화 및 기술 구조가 통신망의 클라우드화라고 할 수 있다. 이 또한 기존의 통신업계들의 물리적 회선 또는 네트워크 서비스를 진일보시키는 획기적인 포인트가 될 것이다. 노키아(Nokia) 벨연구소(Bell Labs)의 *Future-X Networks* 보고서는 현재까지의 인터넷 트래픽보다도 훨씬 더 많은 트래픽 증가가 5G를 기점으로 B2B 영역에서 일어난다고 전망한다.

이 P4C에서는 CPND 밸류체인도 진화한다.

첫째로 콘텐츠(C)의 진화다. 비디오, 오디오 콘텐츠에서 클라우드, 이커머스, 오프라인 서비스, 5G통신망 등으로 OTT 플랫폼이 매개하는 콘텐츠가 아주 다양하게 전방위로 확대되고 있다. B2C → C2C → B2B로 확산 중이다.

둘째로 플랫폼(P)의 진화다. 중앙집중적 구조에서 탈중앙화(decentralization)로 나아가고 있다. 글로벌하게 상호 연결된 클라우드로 특정지역이나 특정 데이터센터에서만의 한계를 벗어나고 있으며 수요가 있는 곳이면 언제든지 플랫폼을 확장 및 구성할 수 있다. 블록체인 기술을 활용한 분산 원장 구조로 플랫폼의 개방성 및 탈중앙화가 가속화되고 있다.

셋째로 네트워크(N)의 진화다. 물리적인 통신망이 5G를 기점으로 가상화 및 클라우드화 되면서 네트워크도 소비 기반의 경제로 들어가게 된다. 또한 소비자, 사용자들이 기존에는 개별적인 소비자에 머물렀던 것에서 이제는 그 소비자들 간의 소셜 네트워크가 규모의 경제를 이루는 근간이 되고 플랫폼과 디바이스(소비자)를 이어 주는 강력한 매개체 역할을 한다.

넷째로 디바이스(D)의 진화다. TV에서 스마트폰으로 진화하였다. 그 이후 플랫폼 기반 콘텐츠가 클라우드, 5G 네트워크 등으로 확대됨에 따라 그에 대응하는 디바이스들도 진화하고 있다. 대표적인 예가 VDI(Virtual desktop interface)로 디바이스가 플랫폼 안으로 들어가는 것이다. 언제 어디서든지 씬(thin) 클라이언트만 있으면 나는 내 PC를 사용할 수 있게 되는 것이다. 물리적인 서버를 클라우드 플랫폼을 기반으로 소비할 수 있게 됨에 따라 나의 서버를 어디서든지 접근하여 만들고 설정할 수 있다. 디바이스가 가상화되고 플랫폼으로 들어가는 것이다. 전자화폐도 내 지갑이 플랫폼 안으로 들어간 것이나 마찬가지다.

아래의 노키아 벨연구소가 제시한 인포그래픽에서 볼 수 있듯이, 5G 이후의 세계는 증강지능(Augmented Intelligence)의 시대로 들어간다. 웹 등장 이후 30년 동안의 변화 속도를 보라! 이것은 그리 먼 미래가 아니다.

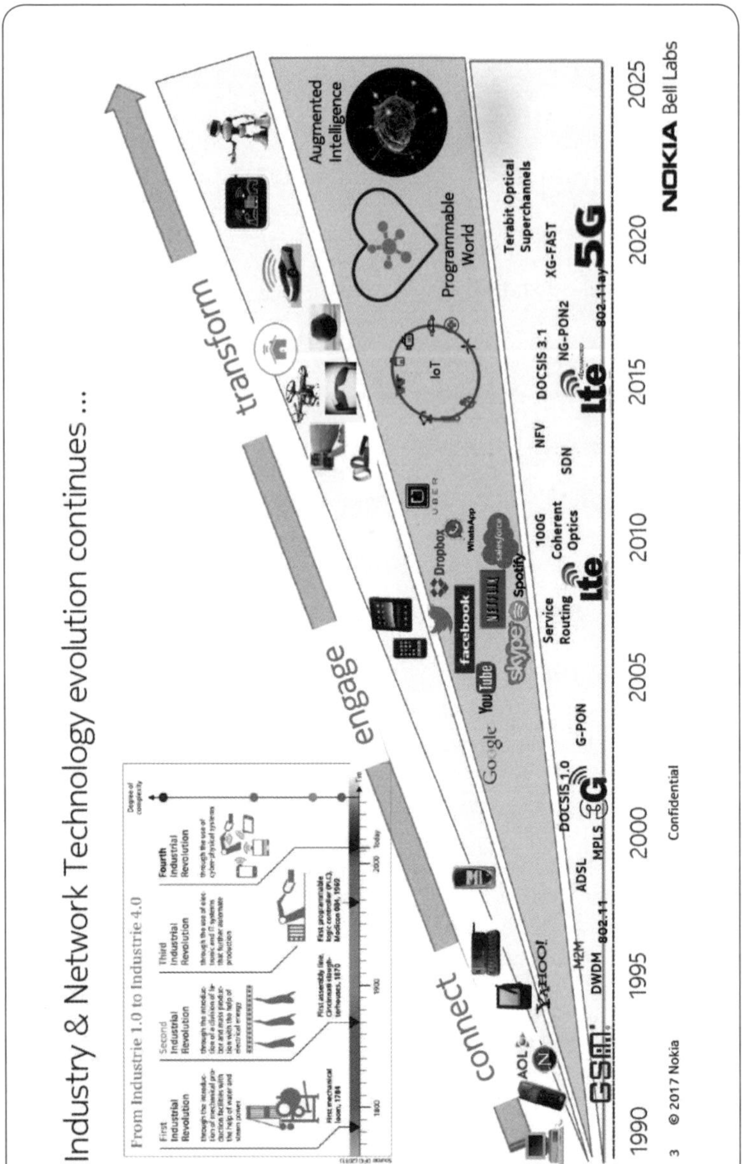
Industry & Network Technology evolution continues ...
From Industrie 1.0 to Industrie 4.0
First Industrial Revolution
Second Industrial Revolution
Third Industrial Revolution
Fourth Industrial Revolution
connect
engage
transform
AOL
YAHOO!
Google
YouTube
facebook
skype
Spotify
NETFLIX
Dropbox
WhatsApp
salesforce
UBER
IoT
Programmable World
Augmented Intelligence
GSM
DWDM
M2M
802.11
ADSL
MPLS
3G
DOCSIS 1.0
G-PON
Service Routing
lte
100G Coherent Optics
SDN
NFV
DOCSIS 3.1
NG-PON2
XG-FAST
802.11ay
5G
Terabit Optical Superchannels
1990
1995
2000
2005
2010
2015
2020
2025
3
© 2017 Nokia
Confidential
NOKIA Bell Labs

디지털 스마일 커브

산업의 밸류체인(value chain)에 따라 각 단계별 부가가치를 측정하면, 중간부분에 해당하는 제조 단계의 부가가치는 낮고 양 끝에 위치한 연구개발, 디자인, 제품 기획 등 제조 전(前) 단계와 판매, 서비스 등 제조 후(後) 단계의 부가가치가 높게 나온다. 그 부가가치 분포 곡선의 모양이 웃는 모습과 비슷한 스마일 커브다. 즉 스마일 커브는 밸류체인에 따른 수익성을 그림으로 나타낸 것이다. 20세기 산업화 시대에는 제조, 조립 과정에서 높은 부가가치를 얻을 수 있었고 연구 및 부품 생산, 서비스에서는 상대적으로 부가가치가 낮았다. 그러나 21세기 지식 기반 경제의 시대에는 제조보다도 제조 전후 과정인 연구·개발(R&D), 브랜드, 디자인, 유통, 마케팅, 판매·서비스 과정이 더 높은 부가가치를 창출하게 된다.

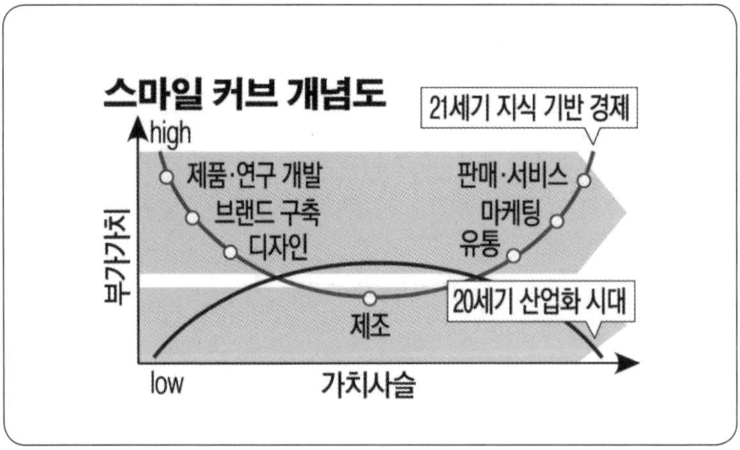

© etoday.co.kr

이 밸류체인 관계도는 국제경제 관계로도 확대된다. 무역이 제한적이고 국가 간 분업이 활발하지 않던 과거에는 제조 공정을 비롯해 모든 영역의 부가가치가 비슷해서 이 곡선이 수평에 가까웠다. 자연히 좋은 일자리의 비중도 높았다. 그러나 무역이 확대되고 후발 신흥국들의 제조업 참여가 늘어나면서 스마일 커브의 양쪽 끝부분이 올라가기 시작했다. 제조 공정의 모듈화가 진전되면서 후발 제조업 국가로의 해외 이전, 즉 오프쇼어링(off-shoring)은 더 빨라졌다. 제조 전 단계나 후 단계에 비해 중간 제조 공정의 진입 장벽이 낮아 경쟁이 치열해지고 부가가치가 줄어들었기 때문이다. 삼성전자 갤럭시 공장의 베트남으로의 이전 사례를 본다면, 한국에서는 제조과정이 밸류체인의 하단에 위치하지만 베트남에서는 상단에 위치한다. 베트남은 아직 산업화 단계이기에 삼성전자 갤럭시 공장이 밸류체인의 상단에 위치하는 것이다.

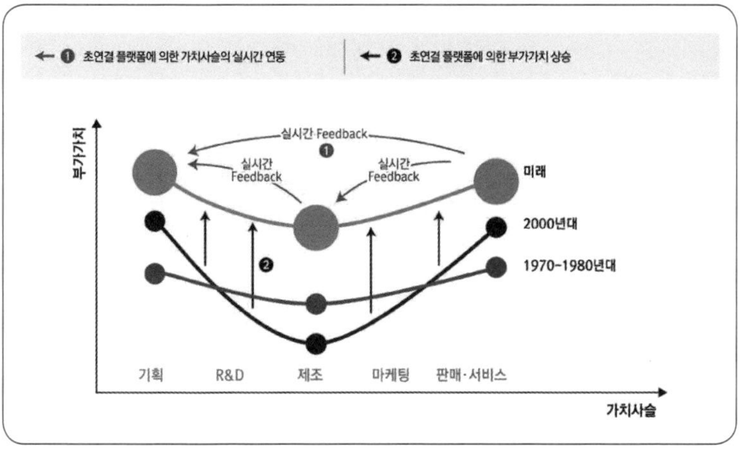

© http://www.msit.go.kr

그리고 위의 그림에서 볼 수 있듯이, 스마일 커브를 '디지털 스마일 커브'로 고양·확장하여 살펴보면, 디지털 트랜스포메이션에 성공하는 산업 부문에서는 초연결 플랫폼에 의해 밸류체인은 실시간 연동되고 이 초연결 플랫폼에 의해 전반적으로 부가가치가 상승한다는 점을 알 수 있다. 이것을 필자는 '디지털 스마일 커브'라고 부르고 싶다. IT거인들이 '디지털 트랜스포메이션(digital transformation)'으로 혁신하여 플랫폼으로 향하는 이유는 바로 여기에 있는 것이다. 기업의 PER가 넷플릭스와 아마존닷컴에서 특히 높은 이유이기도 하다.

쿠팡과 '업의 정의'

롯데그룹 신동빈 회장이 2020년 초 사장단회의인 'VCM(Value Creation Meeting)'에서 수차례 강조한 단어들을 관통하는 의미는 '혁신'이었다. 게임 체인저(Game Changer), 위닝 스피릿(Winning spirit) 등을 강조했다. 특히 신 회장은 '쿠팡'을 겨냥하며 "쿠팡을 따라가지 마라!"는 메시지를 제시했고, 이 말에는 앞으로 펼쳐질 롯데그룹의 신(新)경영 전략이 담겨 있다는 분석 보도다.

그런데 흥미로운 점은 2015년도에는 신 회장이 화두로 '쿠팡처럼!'을 제시했었다는 사실이다. 로켓배송 등 쿠팡이 주도하는 물류 혁신을 염두에 둔 것이었다. 신 회장은 2013년부터 옴니(Omni) 채널을 강조했다. 온-오프라인 양대 유통 플랫폼의 강점을 최대한 활용하는 모델이다. 그러나 오프라인 채널 중심의 영업망은 온라인 채널로 전환되지 못했다. 각 계열사들이 각각의 온라인 및 모바일 플랫폼을 만들어 영업채널을 구현했지만 일원화시키지 못한 탓에 고객을 분산시키는 결과를 낳았다. 신 회장은 롯데그룹의 새로운 경쟁자로 '쿠팡'을 인정하고 있는 것으로 해석할 수도 있다. 누가 경쟁 상대인지 정확하게 지목했다는 것은 나아가야 할 방향을 보여준다는 점에서 의미가 크다. 온라인 및 모바일 구매고객, 빠른 배송, 간편한 결제 등 이 모든 것을 아우르는 쿠팡의 전략을 새로운 패러다임으로 받아들인 셈이다. (물론 쿠팡도 나름대로 고충이 많을 것이다.) 실제로 롯데는 이를 염두에 두고 유통 플랫폼 개발에 한창이다.

그렇다면 신 회장이 생각하는 혁신은 무엇일까. 유통 강자인 롯데그룹이 신세계그룹과 같은 대형사가 아닌 스타트업 쿠팡을 특정한 것도 주목되지만, 따라가지 말라고 주문한 것 또한 꽤 흥미롭다. 이 5년간의 시차에서, '쿠팡처럼!'에서 '쿠팡을 따라가지 마라!'라는 메시지의 변화·발전의 맥락은 무엇일까? '뒤집은 O2O(Off to On)'의 맥락에서 디지털 트랜스포메이션의 좀 더 발전적 모습을 제시한 것일까?

롯데는 2020년 4월 28일에 롯데온(www.lotteon.com) 서비스를 론칭했다. 롯데쇼핑이 유통 계열사 7개 쇼핑몰(롯데백화점·롯데마트·롯데슈퍼·롭스·롯데닷컴·롯데홈쇼핑·롯데하이마트)을 묶어 출시한 것이다. 성공여부는 얼마나 자기 파괴의 혁신을 잘 해내느냐에 달려있다. 특히 코로나바이러스 팬데믹이라는 전대미문의 경영환경 변화 속에서 언택트(untact)

가 중요해지는 국면에서 디지털 트랜스포메이션의 성공적 정착 여부가 갈림길이다.

필자는 2019년 11월 14일 삼성SDS가 개최한 'Techtonic(테크토닉) 2019'에 참석해서 하루 종일 매우 유익한 R&D 시간을 보냈었다. 2회째를 맞은 'Techtonic(테크토닉)'은 개발자 생태계 확장을 위한 행사다. 삼성SDS가 훌륭한 콘서트를 열었다. 보유한 최신 기술과 개발 노하우를 공유하는 개발자 콘퍼런스다. #블록체인, #클라우드, #엣지, #오픈소스 등 주제가 풍성했다. 매년 계속하기를 마음으로나마 후원하는 바이다. 디지털강남포럼 회원들과 즐거운 하루를 보냈었다. 이날 함께 참석한 지인의 지인으로 쿠팡(www.coupang.com)의 팀장 분도 참석했다. 같이 커피를 마시며 방담을 했었는데, 내가 질문했다. "쿠팡의 업의 정의가 어떻게 되나요?" (이런저런 답변……) "그럼 아마존닷컴 비슷한 비즈 모델로 가려고 하는군요?" (옙!) 그런데 이 책을 집필하는 중에도 이 '아마존닷컴 비슷한' 비즈 모델이라는 것이 무엇일까라는 화두가 머릿속에서 떠나지 않았다. 그러면서 5장 「아마존닷컴 밀림의 생태계」와 구글에 대해 기술한 6장 「유튜버, "나도 미디어다!"」에 이르러서, 그 질문 "그럼 아마존닷컴 비슷한 비즈 모델로 가려고 하는군요?"에 대한 시론적인 답변이 떠올랐다. 그것을 바로 이 보론의 제목인 「디지털 트랜스포메이션 모델 'P4C'에 대하여」에 담았다.

2020년도에 들어서 코로나바이러스 팬데믹이라는 전대미문의 경영환경 속에서 쿠팡이 새롭게 재평가 되고 있다. 아래의 인포그래픽은 미래에셋대우 리서치센타의 유통 부문 산업분석 리포트(2020.4.16.)다. 국내 이커머스 시장의 춘추전국시대 추이를 보여준다. 쿠팡의 성장세가 돋보인다. 영업이익 적자폭도 2018년 -1조1280억 원에서 2019년 -7,205억 원으로 대폭 축소되고 있다. 카테고리 킬러로서의 쿠팡은 성공적으로 안착할 수 있을 것인가? 과연 디지털 플랫폼으로까지 성장할 수 있을 것인가?

온라인 시장 내 주요 플레이어 점유율 추이

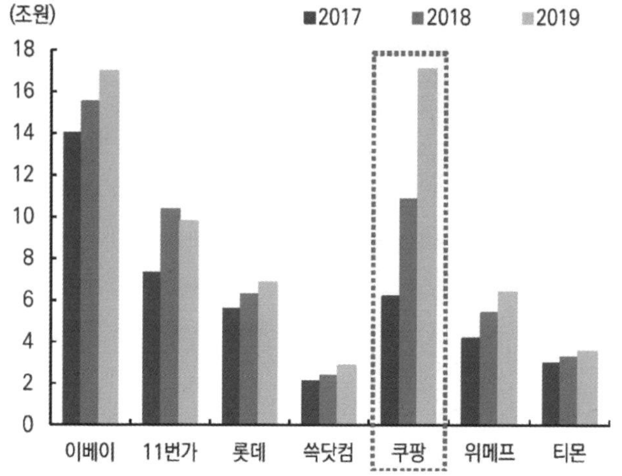

주: 언론보도 기반 당사 추정치임
자료: 언론보도, 미래에셋대우 리서치센터

삼성전자와 서비스 생태계

삼성전자에 대해 조금만 이야기 해보자. 필자도 삼성 갤럭시 소비자라서 항상 관심을 두고 지켜보고 있다. 한 기업이 글로벌하게 마켓 테이커(market taker)를 하기도 쉽지 않은데 이것을 넘어서 마켓 메이커(market maker)로 리더가 된다는 것은 대단한 일이다. 삼성의 이건희 회장이 삼성전자를 반도체와 스마트폰 시장에서 글로벌 리더로 성장시켜왔다는 업적은 아무리 높게 평가해도 지나치지 않을 것이다. 최첨단 테크놀리지 분야에서 말이다. 그것도 개발도상국이었던 한국에서이다. 그의 기업가정신은 탐구할 가치가 매우 높은 매력적인 주제다.

삼성전자가 2020.2.11. 미국 샌프란시스코 '팰리스 오브 파인 아트(Palace of Fine Arts)'에서 열린 '갤럭시 언팩 2020'에서 스마트폰 갤럭시S20과 갤럭시Z플립을 선보였다.(삼성전자는 새 10년을 준비한다는 의미로, 차세대 플래그십 모델의 이름을 갤럭시 S11이 아닌 '갤럭시 S20'으로 정했다.) 슈퍼카메라, 5G, 폴더블 등 업그레이드 스펙으로 무장하여 전 세계 파트너와 미디어들을 사로잡았다. 패션 브랜드 톰 브라운과도 협력해 '갤럭시 Z 플립 톰 브라운 에디션'도 내놓았다. 역시 제조의 삼성이라는 탄성! 무선사업부 노태문 사장의 메시지는 "기본으로 돌아가자!(Back to the basic!)"였다. 본원 역량(generic competence)을 강조했다. 그것은 삼성전자의 독보적인 제조 경쟁력을 의미한다. 하드웨어 디바이스 중심 전략이다.

서비스 생태계는 어떻게 준비했나? 갤럭시 S20에선 구글의 영상통화 서비스 구글듀오, 넷플릭스, 스포티파이 등의 스트리밍 앱을 보다 편리하게 즐길 수 있다. 마이크로소프트의 인기 게임 '포르자 스트리트'도 갤럭시 S20에 우선 탑재된다. 주요 통신 사업자들과는 5G 서비스를 적극 확대하고 있다. 그런데 무엇보다도 넷플릭스, 디즈니+, 유튜브, 페이스북 등 콘텐츠(C)와 플랫폼(P)들은 삼성의 판타직 디바이스를 대환영할 것이다. 아마존닷컴도 클라우드 AWS의 마켓이 커지니 대환영할 것이다. 아마도 자사의 서비스들을 판타지하게 만들어줄 삼성 스마트 디바이스의 출품인 것이다.

아래 인포그래픽을 보면, 삼성전자의 갤럭시가 글로벌하게 침체된(stagnant) 스마트폰 시장에서도 톱을 달리고 있다. 대단한 성과가 아닐 수 없다. 2019년만 해도 삼성전자는 전 세계에 2억9,600만 개의 스마트폰을 공급했다. 1등이다. 전년도에 비해서도 상승했다. 2등 화웨이가 무서운 기세로 치고 따라온다. 3등 애플은 전년도에 비해 약간 하락했다.

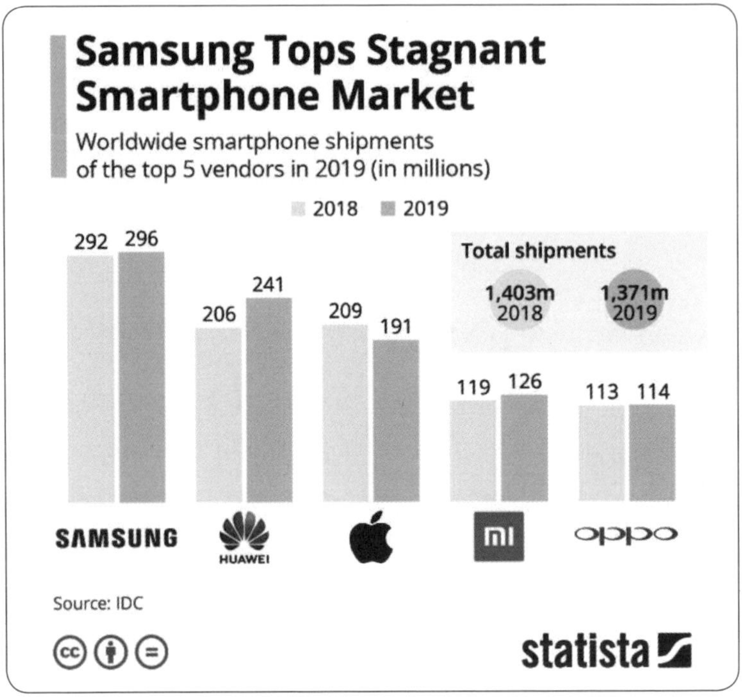

그런데 아래의 인포그래픽은 좀 다른 면을 보여주고 있다. 스타티스타(statista)의 데이터 저널리스트(Data Journalist)인 펠릭스 리히터(Felix Richter)의 'Samsung vs. Apple' 분석이다.(Feb 20, 2019.) 2017~2018년의 삼성과 애플의 매출(모바일 디바이스 모두 포함) 비교인데, 애플 매출 상승과 삼성 매출 하락(전년도 대비 -7%)이 비교되고 2018년에는 애플의 모

바일 비즈니스가 삼성의 두 배가 되었다는 이야기다. 스마트폰 마켓 리더 삼성이 2019 MWC(the Mobile World Congress)에서 굉장한 론칭 행사를 했다는 것과 'Galaxy S10'이 삼중 렌즈의 후방 카메라(a triple-lens back camera)와 스크린에 내장된 초음파 지문인식기(an ultrasonic fingerprint reader built into the screen)와 다른 기기들로도 무선으로 역충전해주는 성능(the ability to reverse-charge other gadgets wirelessly) 등 매우 훌륭한 디바이스를 선보였다는 것. 그런데 가격은 $1,500에 달할 것이라는 이야기. 저가 시장을 장악하고 있는 중국 밴더들(Chinese vendors grabbing market share in the lower-price segment)과 애플 브랜드를 선호하는 프리미엄 바이어들(Apple remaining the preferred brand of many premium buyers) 사이에서 두 개의 전선에서 싸우고 있다는 설명도 곁들인다.

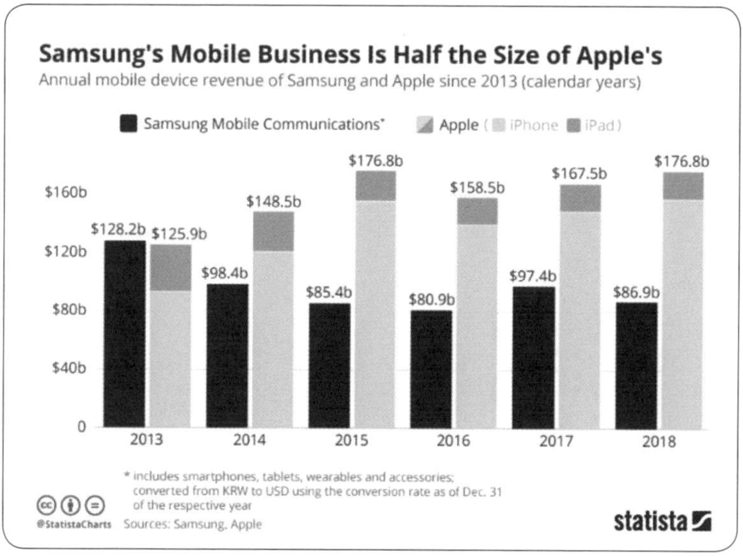

디바이스 트랩(device trap)

앞에서 '디지털 스마일 커브(digital smile curve)'에 대해 언급하였다. 디지털 트랜스포메이션에 성공하는 산업 부문에서는 초연결 플랫폼에 의해 밸류체인은 실시간 연동되고 이 초연결 플랫폼에 의해 전반적으로 부가가치가 상승한다. IT거인들이 '디지털 트랜스포메이션(digital transformation)'으로 혁신하여 플랫폼(P)으로 향하는 이유다.

필자는 이 '디지털 스마일 커브'와 관련하여 '디바이스 트랩(device trap)'이라는 용어를 만들어 쓰고 싶다. 본서의 2장에서 넷플릭스의 탄생을 이야기하면서 클레이튼 크리스텐슨이 언급한 '파괴적 혁신'에 대해 살펴본 바 있다. 이 파괴적 혁신은 역으로 '디바이스 트랩(Device Trap)'에 갇히면 안 되는 이유이기도 하다.

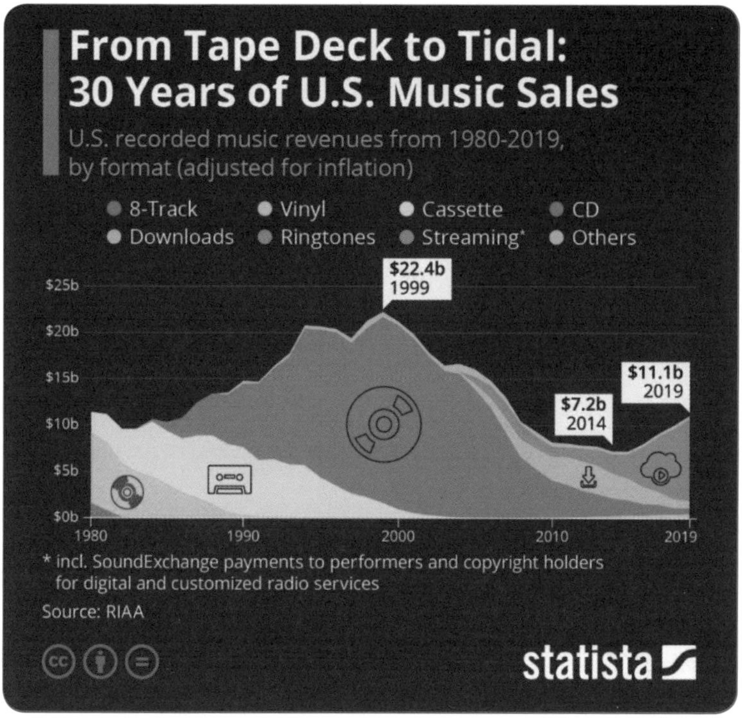

지난 40년간의 음악산업(Music Industry)의 혁신의 역사만 보더라도 '디바이스 트랩'에 갇히면 안 되는 이유를 극명하게 말해준다. 레코드판(vinyl records) → 카세트테이프 → CD → 다운로드 → 스트리밍으로의 변화이다. 위의 스타티스타의 인포그래픽(2020.2.27.)이 그것을 컬러풀하게 보여주고 있다. 2019년 미국 음악시장의 총매출규모는 $11.1b(약 13조5,420억 원)인데, 스트리밍이 $8.8b로 80%를 차지하고 있다. 음악시장이 급격하게 디지털 스트리밍으로 전환한 것이다.

물론 이러한 사례는 스마트폰 디바이스의 경우에도 예외가 아닐 것이다. 세상에 영원한 것은 없으니까! 유저들, 제품들, 기능들 이 세 가지를 연결하는 서비스로 나가는 플랫폼으로 확장하는 것이 중요하다. 그러한 의미에서 본서에서 디지털 트랜스포메이션 모델로서 P4C를 강조하는 것이다. 훌륭한 디지털 디바이스들을 제조하는 것은 매우 중요하다. 그것도 글로벌 리더를 고수하는 일이니 얼마나 중요한가! 그런데 그것에만 머무르게 된다면, 이 '디지털 스마일 커브'의 하단에 머무르는 '디바이스 트랩'에 빠질 우려도 있다.

노키아만큼 흥미진진한 기업도 없다. 1865년에 핀란드에서 창업한 노키아는 원래 휴대폰으로 글로벌을 이끌었던 노키아가 그렇게 일순간에 디바이스 트랩에 빠질 것이라고 누군들 상상이나 했었나?

노키아는 1865년 제지업으로 사업을 시작하였다. 이후 고무, 전선, 무선통신장비 회사로 변신을 계속해왔다. 2000년을 정점으로 휴대폰 분야의 글로벌 최강자였다. 모바일 디바이스가 스마트폰으로 넘어가면서부터 노키아에 위기가 찾아왔다. 노키아는 한때 세계 휴대폰시장 점유율이 40%에 이르렀지만 애플과 삼성전자가 주도한 스마트폰 시장에서 밀리며 위기를 맞이한다. 애플의 리노베이션의 제물이 된 것이다. (애플 아이폰의 미래 운명도 알 수 없는 것이리라!) 이후 2013년 노키아는 휴대폰 사업 부문을 마이크로소프트에 매각했다. 그러나 마이크로소프트 CEO 스티브 발머(Steve Ballmer) 시대의 노키아 모바일사업부 인수는 대표적인 '승자의 저주' 사례로 꼽힌다.

노키아의 리스토 실라즈마(Risto Siilasmaa) 회장은 2008년 노키아 이사회에 참여해 2015년 5월 이사회 의장이 됐다. 그리고 지멘스네트워크와 알카텔루슨트 인수를 통해 네트워크 인프라스트럭처 산업의 글로벌 강자로 변신시켜왔다. 이때 세계적인 벨연구소도 딸려왔다. 그는 "노키아는 죽음의 계곡에서 줄타기를 하며 살아났습니다. 5G는 죽음의 계곡 건넌 노키아에 큰 기회입니다"라고 말한다. 2015년도에 벨연구소(Bell Labs)에서 출간한 책 *The Future X Network: A Bell Labs Perspective*는 새로운 디지털 시대를 위한 네트워크의 미래에 대한 비전을 담고 있다. 국내에서는 『벨연구소에서 전망하는 미래 네트워크』로 번역 출간되었다. 노키아의 사례로 본다면, 기업의 흥망성쇠와 부활은 쉽사리 예단할 수 없다. 시지프스의 고난의 행군일지도 모른다. 휴대폰이라는 디바이스 트랩에 빠졌던 노키아의 파란만장한 스토리다.

그렇다면 어떻게 이 디바이스 트랩을 헷징하면서 기업의 영속적인 성장·발전을 추구할 것인가가 경영전략의 목표가 될 것이다. 그 경영전략은 디지털 디바이스와 디바이스를 연결하고 그 기능들을 연결하고 여기에 사용자들을 연결하고 콘텐츠(Content)와 스토리를 경험·공유하는 커뮤니티(Community)를 만들어 여기에서 커머스(Commerce)를 즐기도록 하고 그러기 위해서는 클라우드(Cloud)도 갖추어 열어놓는 플랫폼(Platform) 모델을 상상해볼만하다. '디지털 스마일커브'의 상단으로 향하는 P4C 모델이다! 'D → P4C'로의 상승 방향이다. 디지털 제국의 비즈니스다!

카테고리 킬러(category killer)의 미래

역설적으로 IT거인들이 디지털 플랫폼으로 향하면서 '카테고리 킬러(category killer)'들의 위기가 대두되기 시작했다. 그야말로 유니콘들과 공룡들의 싸움이다. 카테고리 킬러는 단일 서비스에 특화된 유니콘들이다. 자신의 특화된 분야에서 독보적인 존재들이다. 글로벌 시장에서 예를 든다면 다음과 같다.

1) OTT에서의 넷플릭스다. 국내의 경우에서는 왓차플레이가 해당된다. 넷플릭스에게는 OTT가 본업이지만 IT거인들에게는 부업이기도 하고 디지털 서비스 생태계에서의 보완재이기도하다. 아마존닷컴의 경우 OTT 출발은 프라임 서비스의 보완재였으나 아마존프라임비디오를 스핀오프시키면서 유기적 성장의 부업이 되었다. 자체콘텐츠 제작이나 라이선스 계약에 연간 50억 달러를 쏟아 붓고 있

다. 그리고 X-Ray라는 기능을 서비스한다. 재생 중에 PC에서 마우스를 올리거나 모바일에서 터치하면 메뉴 좌측에 현재 장면에 등장 배우의 이름과 캐릭터명이 나오는 기능이다. 해당 장면의 삽입곡, 트리비아, 보너스 콘텐츠도 같이 뜬다. 애플의 경우 2019년 11월 1일 디바이스(하드웨어+소프트웨어)에서 디지털 서비스 분야로 업을 확장하면서 애플TV+를 애플News+, 애플아케이드, 애플카드 등과 함께 레이블로 론칭시켰다. 애플에게는 레이블 중의 하나일지 몰라도 OTT의 카테고리 킬러인 넷플릭스에게는 두려운 경쟁자가 될 수도 있다.

2) 콘텐츠에서의 월트디즈니닷컴도 예외가 아니다. 월트디즈니닷컴이 훌루를 인수하고 디즈니+를 론칭하여 OTT 플랫폼으로 향하는 이유다. C-P로 방향을 잡았다.

3) 음악 스트리밍 시장의 카테고리 킬러는 스포티파이(Spotify)다. 2019.11.을 기준으로 전 세계에서 제일 핫한 음악 스트리밍 서비스 업체다. 스포티파이는 스웨덴의 음원 스트리밍 업체로 현재 전 세계에서 2억 명 이상의 구독자를 확보해 음원 시장의 넷플릭스로 불린다. 소니뮤직, EMI, 워너뮤직그룹 등과 제휴해 고품질의 음원을 이용자들에게 무료로 공급하는 서비스 구조가 강점이다. 아래의 인포그래픽에서 볼 수 있듯이, 2008년에 서비스를 시작한 스포티파이가 론칭 후 11년 만에 음악 스트리밍 시장에서 1억 명의 가입자를 확보하며 1위에 올랐다. 그런데 과연 스포티파이가 애플뮤직, 아마존프라임뮤직, 유튜브뮤직프리미엄, 구글플레이뮤직 등 플랫폼들과의 경

쟁에서 계속 우위를 유지할 수 있을까? 음원분야 카테고리 킬러의 미래가 궁금해진다.

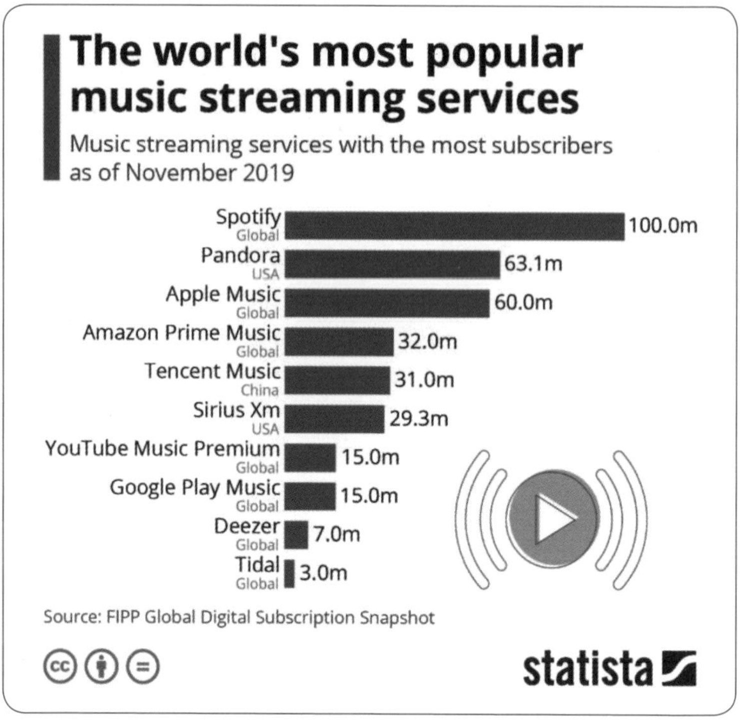

4) 이커머스에서의 이베이(eBay)는 특별한 사례 연구 대상이다. 이커머스 경쟁 심화로 인해 성장 폭이 대체로 둔화되고 있다. 멀티 플랫폼으로 진화하지 못한 중형 플랫폼의 한계점으로 파악된다. 어쩌면 이베이화(ebaynization)라고 개념화할 수 있을까?

5) 협업 앱 시장에서 실리콘 밸리의 스타트업 슬랙(slack)이 돋보인

다. 마이크로소프트의 MS 팀스(Microsoft Teams)와 경쟁하고 있다. MS 팀스는 MS사의 오피스 솔루션인 MS오피스, 스카이프, 오피스365 등을 통합한 것이 특징이다. 이미 오피스 애플리케이션 시장의 절대 강자인 MS가 협업 앱에서도 자사의 능력을 십분 발휘해 시장 공략이 한창이다. 아래의 인포그래픽에서 볼 수 있듯이 MS 팀스는 슬랙을 추월하였다. 디지털 플랫폼의 위력이 이 부문에서도 발휘되고 있다.

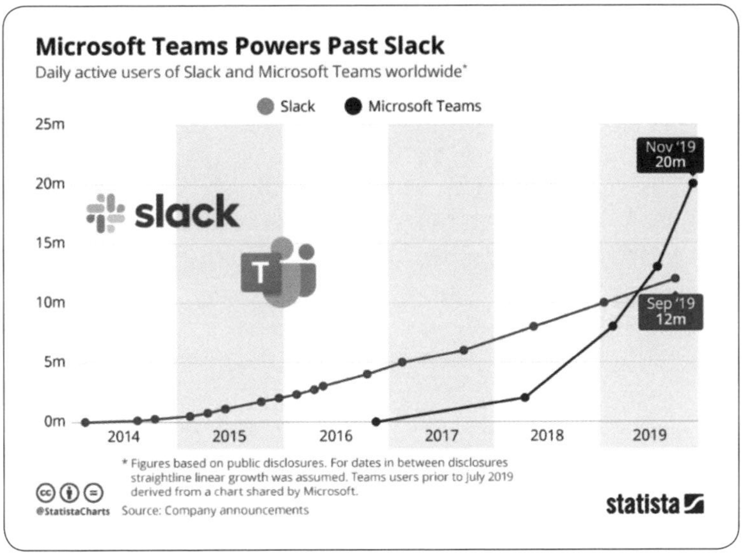

이 외에도 각 분야별로 카테고리 킬러들이 존재한다. 온라인여행사에서의 부킹닷컴과 익스피디아, 음식배달 카테고리에서의 그럽허브, 온라인 공예품 거래 카테고리에서의 ETSY 등이 대표적인 예이다. 이들 카테고리 킬러들의 성장세가 최근 주춤하고 있다. 디지털 플랫폼들의 시장 확장이 주된 원인이다. 디지털 플랫폼들이 카테고리 킬러들의 킬러들인 셈이다. 그런데 역설적으로 아마존닷컴과 같은 플랫폼들도 애초에 출발은 온라인 서점이라는 카테고리 킬러로 오프라인 서점을 잠식하며 성장했다는 점이다. 그러나 아마존닷컴에게 온라인서점은 이제는 부업일 뿐이다.

코로나바이러스 팬데믹 이후의 디지털 플랫폼 전망

이 책의 집필 시기가 전대미문의 코로나바이러스가 글로벌하게 기승을 벌이던 피크였다. 대전염, 팬데믹(pandemic)에 이른 것이다. 코로나바이러스 팬데믹의 시대는 전후가 확연하게 다르다. 코로나바이러스는 국가, 인종, 종교, 이념, 지역 등을 구분하지 않고 가히 전면적인 위기를 초래하였다. 인류의 각 단위에서의 신뢰(trust)에 대한 시험(test)을 하고 있는 것이다. 각 단위의 과학기술의 역량뿐만 아니라 구성체의 잠재적, 현재적 생존 역량을 시험하고 있다. 글로벌 차원의 밸류체인의 붕괴, 증시의 대폭락과 이에 대응하여 미 연준과 각국 중앙은행들의 천문학적인 양적완화(QE) 조치 등이 잇달았다.

그 시점에 이 책의 필자로서 또 하나의 질문을 대면하게 되었다. 이 책에서 일관된 주제로 탐구해온 가설이 이 전대미문의 코로나바이러스 팬데믹을 경과하면서도 타당하다고 입증될 수 있는가라는 질문이었다. 그 가설은 디지털 플랫폼의 성장추세가 우상향일 것이라는 것이다. 그래서 코로나바이러스 팬데믹 이후의 디지털 플랫폼 전망을 탐구해보는 것도 중요할 것이다.

아래의 인포그래픽은 코로나바이러스 팬데믹의 한가운데 있었던 1Q 2020년 넷플릭스의 글로벌 구독자의 증가세를 보여준다. 무려 1,580만 명이 증가해서 총 구독자수가 1억8,090만 명이 되었다.

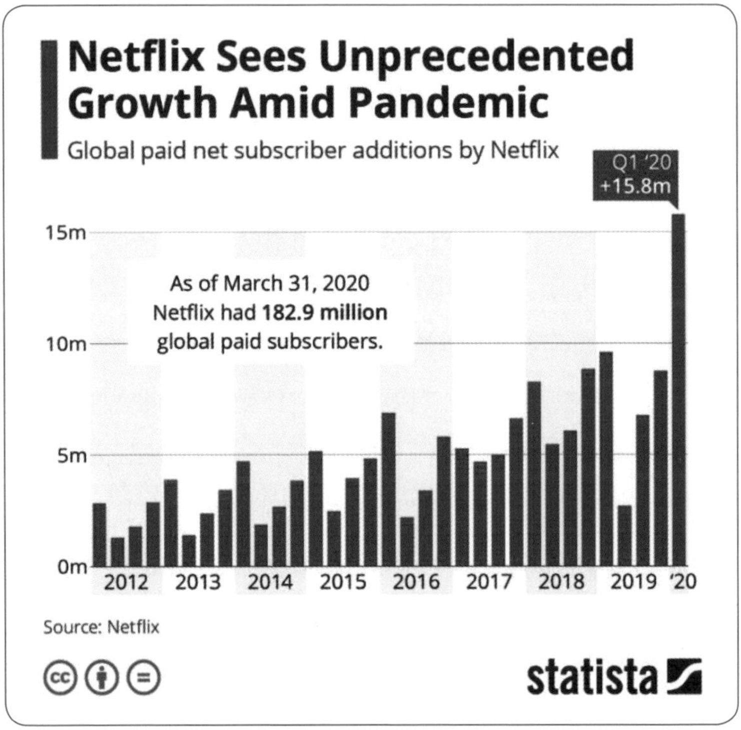

이러한 흐름은 OTT 넷플릭스에만 국한되지 않는다. 재택근무, 온라인학습 등 비대면 언택트가 권장되는 사회 환경에서 줌(Zoom) 등 비디오챗의 성장세가 두드러진다.

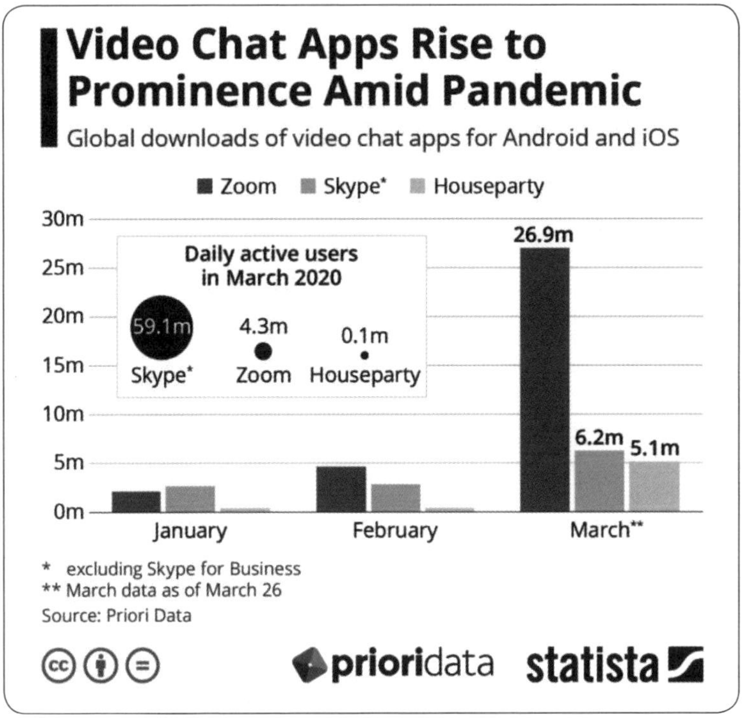

코로나바이러스 팬데믹과 관련해서 본서의 주제와 이어지는 점은 바로 사회적 거리두기 혹은 비대면의 언택트(untact)가 권장되는 사회적 환경에서 디지털 플랫폼 부문이 더욱 강조되었다는 것이다. 이 부문의 산업과 기업이 역설적으로 타 부문에 비해서 안정적인 대응 혹은 성장의 흐름을 이어가고 있다는 사실이 눈에 띈다. 본서의 가설 즉 디지털 플랫폼의 성장세는 추세로 이어질 것이라는 점이 각종 통계 수치로도 등장하고 있다. 인터넷, 클라우드 컴퓨팅, 이커머스, OTT 등 비대면 부문은 오히려 성장성이 부각되고 있다.

에필로그

디지털 플랫폼을 장악하라

본서의 초고를 마치고나서 다시 검토해보니, 초고의 흐름과 내용에서 뭔가 아쉬운 점이 있었다. 그것은 "OTT와 플랫폼이 어떻게 연결된다는 것인가?"라는 질문이었다. 요즘 핫이슈로 떠오른 OTT에 대하여 우리는 넷플릭스. 웨이브, 아마존프라임비디오, 디즈니+, 애플TV+ 등을 통해 접하는데, 영화 마니아들에게는 이들 콘텐츠를 스트리밍으로 접하는 것과 IT거인들의 추구 방향성으로서의 플랫폼과의 관련성이 가시적으로 뚜렷하게 연관되어 보이는 것은 아니기 때문이었다. 스트리밍 스크린 너머의 디지털 플랫폼 비즈의 추세까지 통찰하는 데에는 또 다른 투시력이 요구되기 때문이었다.

그래서 필자는 초고가 완성된 이후에 이점을 숙고해서 본서를 두 권으로 나누어 순차적으로 세상에 내어 보일까도 생각했었다.

그럴 경우에 각각 책의 목차를 어떻게 구성할까도 생각했었다. 책 제목의 1권은 『OTT 대전쟁-스트리밍 미디어의 시대가 열리다』, 2권은 『디지털 플랫폼을 장악하라-IT거인들의 플랫폼 대전쟁』으로 잡았다.

[1권] OTT 대전쟁-스트리밍 미디어의 시대가 열리다

프롤로그-OTT가 뭐야?

1. 넷플릭스? 갓플릭스?

2. 콘텐츠 왕국의 디즈니+

3. 디바이스 명가의 애플TV+

4. 스핀오프, 아마존프라임비디오

5. 왕좌의 게임, HBOmax

6. 컴캐스트의 공작새, 피콕(peacock)

7. 공중파, 웨이브(wavve)에 올라타다

[보론1] 콘텐츠 트랩(Content Trap)에 대하여

[보론2] 미메시스(mimesis)에 대하여

[2권] 디지털 플랫폼을 장악하라-IT거인들의 플랫폼 대전쟁

프롤로그-디지털 플랫폼이 뭐야?

1. 마이크로소프트 부활의 비밀병기 클라우드

2. 디바이스에서 서비스로 확장하는 애플

3. 아마존닷컴 밀림의 생태계

4. 구글이 안 하는 일은 도대체 뭐야?

5. 리브라를 꿈꾸는 소셜 미디어의 제국 페이스북

6. 버라이즌, 야후와 AOL을 인수하다

7. 디바이스 트랩과 삼성전자의 미래

[보론1] CPND 밸류체인의 변화에 대하여

[보론2] 디지털 트랜스포메이션 모델 P4C에 대하여

이렇게 1,2권으로 분권하고 제목과 목차를 잡아보니 각각 주제의 선명성과 세분화된 주 독자층의 만족도가 높아질 것 같은 생각이 들었다. 원래의 초고보다도 더 깊게 들어가 볼 수도 있겠다는 장점도 있었다.

1권의 경우, 영상콘텐츠의 해석으로서의 수용미학적 맥락까지 더 들어가 보는 재미가 있을 것이다. [보론1]로 콘텐츠(C) 비즈의 리스크 요인에 관해 바라트 아난드가 통찰해낸 '콘텐츠 트랩'에 대해 부가하고, [보론2]로 영상미학을 탐구하기 위한 '미메시스(mimesis)에 대하여'도 추가하여 더 깊게 독해해볼 수도 있겠다고 생각했다.

2권은 그야말로 '디지털 트랜스포메이션'을 생각하는 CEO들을 위한 경영서의 맥락이 될 것이었다. [보론1]로 'CPND 밸류체인의 변화에 대하여'를 더하고, [보론2]로 '디지털 트랜스포메이션 모델 P4C에 대하여'를 추가하면, 글로벌 디지털 비즈의 흐름을 한 눈에 볼 수 있는 매우 훌륭한 단행본이 될 것 같았다.

그런데 이렇게 1,2권으로 분권했을 경우에는 한 권으로 출간했을 경우에 얻을 수 있는 중요한 시사점들을 놓칠 수도 있다. IT거인들이 플랫폼 대전쟁에 뛰어들면서도 그 꽃봉오리인 콘텐츠(C)로까지 수평 확대와 수직 결합의 유기적(organic)·비유기적(inorganic) 성장을 추구하려는 동인에 대한 통찰력을 종합적으로 얻는데 부족한 점이 있겠다는 생각도 들었다. 그래서 다시 원점으로 돌아와서 책 내용에도 "OTT와 플랫폼이 어떻게 연결된다는 것인가?"라는 질문에 답변을 충실히 더하는 것으로 결정했다. 그래서 [보론]으로 「디지털 트랜스포메이션 모델 P4C에 대하여」를 보충하였다. 그리고 마이크로소프트에 대해서도 별도의 장을 할애해서 추가하였다. 덕분에 책의 내용이 좀 더 튼실해졌다고나 할까!

'데우스 엑스 마키나(Deus Ex Machina)'라는 말이 있다. 이 라틴어는 '기계장치로부터 나온 신(the god from machine)'이라는 의미다. '엑스 마키나(Ex Machina)'는 '기계로부터(from machine)'라는 의미다. 필자는 저서 『예술과 테크놀로지』의 표지 사진을 레오나르도 다 빈치의 작품 〈모나리자〉와 영화 〈엑스 마키나〉에서 주인공으로 등장하는 인공지능(AI) 여인 에이바(Ava)를 대비시킨 사진으로 디자인하였는데, 이 인공지능(AI) 여인 에이바는 영화 제목인 엑스 마키나를 함축한다. 이 영화의 끝은 에이바가 튜링 실험도 속이고 실험실에서 탈출하여 자유로운 자연의 공기와 햇빛을 만끽하는 장면에서 끝난다. 인공지능도 감성과 생명의 욕구를 가진다는 메시지를 담고 있는 영화다. 이 영화는 '데우스 엑스 마키나(Deus Ex Machina)'라는 라틴어에서 영화 제목을 차용한 것이다.

옛 헬라스의 희극 작가로 에우리피데스가 있었는데 그의 작품에서는 대부분 마지막에 나무로 만든 기계장치인 기중기를 타고 신이 내려와 무대를 정리하고 극을 끝낸다. '데우스 엑스 마키나(Deus Ex Machina)'로 끝낸다는 말이다. 이리저리 엮어놓은 극 시나리오를 기승전결로 마무리하는 것은 쉽지 않다. 그러나 신이 내려와서 무대를 정리했는데 누가 왈가왈부할 일이 아니었던 것이다. 희극이 되었건 소설이 되었건 영화가 되었건 아니면 책도 마무리를 어떻게 하느냐가 중요한데 에우리피데스는 옛날 옛적에 그렇게 신박하게 해냈다. 물론 훗날 플라톤의 제자이자 알렉산더 대왕의 스승이었던 아리스토텔레스가 이 에우리피데스의 신박한 솜씨를 그의 저서 『시학』에서 비판한다. "두 사건이 이어서 일어날 때는 후자가 전자의 필연적 또는 개연적 결과라야 한다. 따라서 사건의 해결도 플롯 그 자체에 의해서 이루어져야 하며 …… 기계장치(마키나)에 의존해서는 안 된다."

아리스토텔레스의 비판에도 불구하고 필자도 본서를 마무리하면서 '데우스 엑스 마키나'를 좀 모셔볼까 한다. 역시 고대 아테네의 장군 투키디데스의 이야기다. 그의 저서 『펠로폰네소스 전쟁사』는 고전 중의 고전이다. 제2차 페르시안 전쟁을 승리로 이끈 델로스 동맹의 맹주인 떠오르는 강국(the emerging power) 아테네와 기존의 강국(the ruling power) 스파르타 간의 전쟁이야기다. 이 『펠로폰네소스 전쟁사』는 전쟁이 끝난 후 아테네의 장군 투키디데스가 스파르타의 장군들을 만나서 나눈 전쟁에 대한 후일담을 엮은 것이다. "왜 전쟁이 발발한 거야?", "우리는 전략전술을 이렇게 짰는데 너희들은 어떻게 전략전술을 짰던 거야?" 전쟁이 끝나고 세월이 흐르면 다 추억이 되고 거기에서 교훈을 얻으려는 것이 동서고금에도 관통한다! 동아시아에서는 전쟁론을 손자병법에서 출발하지만, 서구에서는 전쟁론을 투키디데스의 『펠로폰네소스 전쟁사』에서 시작한다. 최근 10여 년 전에 하버드대 케네디스쿨의 그레이엄 앨리슨(Graham Allison) 교수가 '투키디데스 함정(Thucydides trap)'이라는 용어를 조어해 쓰면서 장기 흥행을 이어오고 있다. 2017년에 『예정된 전쟁(Destined for War)』 제목으로 출간하기도 했다. 새로운 강대국이 부상하면 기존의 강대국이 이를 두려워하게 되고 이 과정에서 전쟁이 발발한다는 뜻의 용어다. 미중전쟁이 예정된 전쟁이라는 의미다. 물론 이에 대한 비판도 있다. 역시 하버드대 케네디스쿨의 조지프 나이(Joseph S. Nye, Jr.) 교수는 미국의 신고립주의가 자초하는 '킨들버거 함정(Kindleberger Trap)'에 빠지면 안 된다고 주장한다. 패권론적 국제정치 입장이다.

그런데 필자가 투키디데스를 거론하는 것은 그의 지혜에 있다. '투키디데스의 지혜'라고 이름을 붙이고 싶은데, 국가의 본성·운명에 대한 언급이다. 전쟁의 본질은 변하지 않는다. 그것은 패권 경쟁이다. "두려움, 이익, 위신(Fear, Interest, and Honor)"이야말로 인간의 만고불변의 특성이다. 그리고 역사를 관통하는 전쟁의 원인이다. 두려움·공포로부터 생명을 지키려는 것, 이익·이해를 추구하는 것, 위신·명예를 지니고 존중 받고 싶어 하는 것이다. 그런데 필자가 보기에 이것들이야말로 국가뿐만 아니라 개인, 법인격 모두에게도 해당한다는 지혜의 설파다. 우리가 고전을 읽는 것은 이러한 만고불변의 지혜를 얻고자 함이 아니던가!

법인격으로서의 기업 역시 이 특성·본성에서 벗어나지 않는다. (Fear) 기업은 생명을 유지해야 한다. 파산하기 위해 기업을 경영하지 않는다. 그런 바보가 어디 있는가? 그러기 위해 리스크도 관리하고 성장을 위해 불철주야 노력하는 것이다. (Interest) 기업은 또한 매출을 내고 이익을 늘려서 주주에게 보답하고 또 적절히 아름답게 사회에 기여도 해야 한다. 그러기 위해서는 R&D도 열심히 하여 제품도 잘 만들고 고객에게 서비스도 잘 해야 한다. (Honour) 기업은 또 무엇보다도 기업의 가치, 위신, 명예, 품격을 높여 나가야 한다. 이 아너(honour)의 가치는 예술과 미학으로 고양(enhancing)된다. 필자가 '미학경영(Aesthetics & Management)'이라는 용어를 주조해서 '애플은 고객에게 어떤 가치를 줄 것인가?'라는 화두를 잡은 것은 바로 이 아너(honour)에 대한 통찰이다. 애플이 서비스 부문으로 확장해가면서 OTT 플랫폼으로 향하는 방향에 대해 탐구한 것도, 아마도 애플은 이 지점 '미학경영(Aesthetics & Management)'을 추구하기 시작한 것이라는 어떤 직관적 통찰력(intuitive insights)에서였다. IT거인들이 OTT 플랫폼 대전쟁이라는 무대에 오르는 것은 이 꽃봉오리를 탐하기 때문일 것이다.

책을 집필하기 위해서는 첫째로 우선 자료와 데이터를 많이 확보하는 것이 중요하다. 그래야 책이 충실해진다. 특히 철학서나 역사서가 아닌 살아 꿈틀거리는 생생한 비즈니스를 통찰하는 본서의 경우는 특히 그러하다. 그것도 디지털 비즈니스를 주제로 하는 것이니 말이다. 책을 쓰는 속도보다도 영상으로 이야기 하는 것이 리얼타임이니까! 그래서 이제는 'U시대·U세대'라고 하는 것이다. 급격하게 변동하는 통계수치까지도 리터러시 텍스트에 잡아넣어 다룬다는 것은 어지간한 순발력으로는 감당이 안된다. 둘째로 자료와 데이터가 넘친다고 해도 스토리텔링의 맥락이 없으면 책이 되지 않는다. 스토리텔링이 재즈(변주)로 펼쳐져야 아름다운 책이 된다. 프롤로그·에필로그의 입출구와 기승전결 내용이 이어지는 맥락이 중요하다. 셋째로 무엇보다도 저자의 메시지가 중요하다. 메시지가 없는 책은 앙꼬 없는 찐빵과 다름이 없다. 그렇다면 본서가 전하고자 하는 메시지는 무엇인가?

본서를 집필하면서 필자가 교양독자들께 들려주고 싶고 같이 생각해보자고 하는 메시지는 "우리는 글로벌하게 디지털 트랜스포메이션의 시대에 살고 있다!"는 것이다. 이 시대의 흐름을 메이커로서 창조하거나 아니면 차선으로라도 테이커로서 따라가는 것이 중요하기 때문이다. 그러기에 본서는 OTT 플랫폼의 핫플레이스로 떠오른 한국 미디어 시장의 미래 탐구서이며, "나도 미디어다!"라고 외치는 유튜버들을 위한 미디어 교양서이며, 콘텐츠(C)·플랫폼(P)·네트워크(N)·디바이스(D) 분야 비즈니스맨들을 위한 참고서다. 그리고 그 누구보다도 '디지털 트랜스포메이션(digital transformation)'을 생각하는 CEO들을 위한 경영서다.

본서는 2020년 봄, 코로나바이러스가 한참 창궐하던 시절에 집필하였다. 인류가 질병으로부터 벗어나 건강하고 행복해질 수 있도록 소망하는 마음도 이 책의 기저에 담았으리라 생각한다. 필자는 예술과 테크놀로지의 미학적 통찰을 담은 저서 『예술과 테크놀로지』에서도 깊게 언급했듯이, 과학과 테크놀로지의 발전에 대해 희망적이고 긍정적으로 생각한다. 어떻게 본다면 인류의 행복은 이 과학·기술의 발전과 함께 커져왔기 때문이다. 유발 하라리라는 인문학도는 그의 저서 『사피엔스』에서 인간이 신이 되려고 하고 있다며, 실리콘 밸리에 의해 사피엔스는 멸종에 이를 것이라고 호들갑을 떨었다. 그러나 필자는 그의 단견을 비판하는 입장이다. 이는 아마도 필자의 학문적 DNA에 담겨 있을지도 모른다. 대학시절을 자연과학대에 첫 입학하여 과학자로서의 삶을 살아가려는 비전을 가지고 첫발을 딛었지만 이후의 삶은 운명에 따라 이리저리 흩날렸고 전공도 수학(자연과학)과 철학(인문학)과 행정학(사회과학)이라는 전혀 예기치 않은 족적을 따라갔던 다방면의 추구의 중첩 속에서 사고가 넓고 깊어졌는지도 모르겠다. 지금에 와서 보니 결과론적으로 통섭(consilience)의 여정을 지내온 듯하다. 그래서 이 책의 집필에까지 이르게 되었나보다.

마지막으로 본서를 집필하는데 필자에게 직관적 통찰력을 준 디지털강남포럼, 하버드 비즈니스 리뷰 공부모임, 서울대 수학과 동문들의 정보통신 분야 모임인 수정회 등 회원 분들의 예지력을 가득 담은 조언에 감사드린다. 그리고 본서의 초안을 꼼꼼히 읽고 귀중한 조언을 아끼지 않은 노키아(NOKIA) 코리아의 최성남 실장에게도 감사를 전한다. 독자들께서도 그의 역서 『네트워크 가상화의 모든 것』도 많이 사랑해 주시기를 부탁드린다. 아울러 본서의 집필 구상에서부터 퇴고에 이르기까지 모든 생각의 과정을 함께 한 양우성 교수의 노력을 빼놓을 수 없다. 경영전략 컨설턴트로서의 그의 탁견이 이 책의 저변에 흐르고 있다.

나는 유튜브 시대에도 여전히 책 읽는 독자들을 사랑한다.

참고문헌

- 강준석, 「글로벌 OTT시장 경쟁환경·사업전략 변화」, 『KISDI Premium Report 19~04』, 2019, 정보통신정책연구원(KISDI).
- 고명석, 『예술과 테크놀로지–미학적 상상력으로 보다』, 새빛, 2019.
- 김명주, 경민정, 「Issue Comment」, 미래에셋대우 리서치센타, 2020. 4. 16.
- Marcus K. Weldon, 『벨연구소에서 전망하는 미래 네트워크』, 이광수 옮김, 휴먼싸이언스, 2016.
- 미래창조과학부 미래준비위원회, KISTEP, KAIST, 「4차 산업혁명 시대의 생산과 소비」, 『미래전략보고서』, 2017. 4.
- 그레이엄 앨리슨, 『예정된 전쟁』, 정혜윤 옮김, 세종서적, 2018.
- 마샤 아미든 루스티드 저, 『마크 주커버그』, 해피스토리, 2012.
- 마이클 포터, 『마이클 포터의 경쟁전략』, 미래경제연구소 옮김, 프로제, 2018.
- 마이크 회플링거, 『비커밍 페이스북』, 정태영 옮김, 부키, 2018.
- 바라트 아난드, 『콘텐츠의 미래』, 김인수 옮김, 리더스북, 2017.
- 스콧 갤러웨이, 『플랫폼 제국의 미래–구글, 아마존, 페이스북, 애플 그리고 새로운 승자』, 이경식 옮김, 비즈니스북스, 2018.

- 월터 아이작슨, 『스티브 잡스』, 안진환 옮김, 민음사, 2011.
- 알프레드 챈들러, 『보이는 손』, 김두얼, 신해경, 임효정 옮김, 지식을 만드는지식, 2014.
- 오린아, 「산업분석 유통」, 이베스트투자증권, 2019. 11. 18.
- 에릭 슈미트, 조너선 로젠버그, 앨런 이글, 『구글은 어떻게 일하는가』, 박병화 옮김, 김영사, 2014.
- 이재운, 『삼성전자의 빅픽처』, 미지biz, 2019.
- 정보통신산업진흥원, 『2018 국외 디지털콘텐츠 시장조사』, 2018.
- 조지 길더, 『구글의 종말』, 이경식 옮김, 청림출판, 2019.
- 존 로스만, 『아마존처럼 생각하라』, 김정혜 옮김, 와이즈맵, 2019.
- 주디 L. 해즈데이, 『저커버그 이야기』, 움직이는서재, 2016.
- 최규헌, 『구글 애플 그 다음 별–IT 승자의 조건』, 한빛미디어, 2014.
- 최규헌, 『알리바바, 텐센트, 바이두–붉은 별이 온다–중국발 온라인 충격에 대비하라』, 한빛미디어, 2015.
- 필 사이먼, 『플랫폼의 시대』, 제이펍, 2013.
- 코리 바커, 마이크 비아트로스키 외, 『넷플릭스의 시대』, 시간과 공간, 임종수 옮김, 팬덤북스, 2019.
- 크리스 앤더슨, 『롱테일 경제학(THE LONG TAIL)』, 이노무브그룹 옮김, 알에이치코리아, 2006.
- 클레이튼 크리스텐슨, 『혁신기업의 딜레마』, 이진원 옮김, 세종서적, 2009.
- 클레이튼 크리스텐슨, 『파괴적 혁신 4.0: 기업의 생존과 성장을 위한 11가지 핵심 가이드』, 김태훈 옮김, 세종서적, 2018.

- 클레이튼 크리스텐슨, 『하버드 머스트 리드: 비즈니스 모델 혁신』, 최성옥 옮김, 매일경제신문사, 2019.
- 피터 드러커, 『매니지먼트』, 남상진 옮김, 청림출판, 2007.
- 할 포스터, 『콤플렉스』, 김정혜 옮김, 현실문화, 2014.

- Alfred D. Chandler Jr. *The Visible Hand: The Managerial Revolution in American Business,* The Belknap Press of Harvard University Press, 1977.
- Bharat Anand, *The Content Trap: A Strategist's Guide to Digital Change.* New York: Random House, 2016.
- Byung Gwun Choy, "Random Interaction Effect of Digital Transformation on General Price Level and Economic Growth", *FORESIGHT AND STI GOVERNANCE* (Vol.14 No1), 2020.
- Chris Anderson, *The Long Tail: Why the Future of Business is Selling Less of More,* Hachette Books, 2006.
- Clayton M. Christensen, *The innovator's dilemma: when new technologies cause great firms to fail,* Boston, Massachusetts, USA: Harvard Business School Press, 1997.
- Graham T. Allison, *Destined for War: Can America and China Escape Thucydides's Trap?,* Houghton Mifflin Harcourt, 2017.
- M.K. Weldon and Bell Labs Research, CTO, and Consulting Staff, *The Future X Network: A Bell Labs Perspective.* CRC Press, 2015.
- Michael E. Porter, *Competitive Strategy,* Free Press, 1980.

- Robert D. Kaplan, *The Return of Marco Polo's World: War, Strategy, and American Interests in the Twenty-first Century,* Random House, 2018.
- Scott Galloway, *The Four: The Hidden DNA of Amazon, Apple, Facebook, and Google,* New York: Portfolio/Penguin, 2017.
- Steven Levy, *Facebook: The Inside Story,* Penguin Books, 2020.
- Tilde Heding, Charlotte F. Knudtzen and Mogens Bjerre, *Brand Management: Research, Theory and Practice,* Routledge, 2008.
- Willy C. Shih, Stephen P. Kaufman and David Spinola, 'Netflix', *HBS Case Collection,* May 2007(Revised April 2009).